工业化进程：
评价、路径和地方对策

INDUSTRIALIZATION PROCESS:
EVALUATION, PATHS AND LOCAL STRATEGIES

张鹏飞◎著

经济管理出版社
ECONOMY & MANAGEMENT PUBLISHING HOUSE

图书在版编目（CIP）数据

工业化进程：评价、路径和地方对策/张鹏飞著．—北京：经济管理出版社，2021.1
ISBN 978-7-5096-7745-2

Ⅰ.①工…　Ⅱ.①张…　Ⅲ.①工业化进程—研究—广西　Ⅳ.①F427.67

中国版本图书馆 CIP 数据核字(2021)第 025443 号

组稿编辑：张巧梅
责任编辑：张巧梅
责任印制：黄章平
责任校对：王淑卿

出版发行：经济管理出版社
（北京市海淀区北蜂窝 8 号中雅大厦 A 座 11 层　100038）
网　　址：www.E-mp.com.cn
电　　话：(010) 51915602
印　　刷：唐山玺诚印务有限公司
经　　销：新华书店
开　　本：720mm×1000mm/16
印　　张：11.75
字　　数：218 千字
版　　次：2021 年 3 月第 1 版　　2021 年 3 月第 1 次印刷
书　　号：ISBN 978-7-5096-7745-2
定　　价：88.00 元

前　言

工业化是一个区域经济社会发展的推动力，是由传统农业社会向现代工业社会转变的历史过程，也是一个区域实现现代化的必由之路。党的十九大提出推动新型工业化发展，加快建设制造强国，加快发展先进制造业，推动互联网、大数据、人工智能和实体经济深度融合，在中高端消费、创新引领、绿色低碳、共享经济、现代供应链、人力资本服务等领域培育新增长点、形成新动能。工业化发展及其进程已进入一个新的时期。

工业化进程是一个系统性、综合性的发展过程，包括人均收入的提升、产业结构的优化、城镇人口的增多和就业结构的调整等。所谓工业化，有狭义和广义之分，狭义工业化仅指工业发展，特别是指制造业的发展，广义工业化是指一个国家或地区通过发展机器大工业，使其在国民经济结构中由传统农业占统治地位，逐步转变为现代工业占统治地位，从而由生产技术落后、生产力低下的农业发展阶段过渡到生产技术先进、生产力高度发达的工业发展阶段。在新时代背景下，工业转型升级尤其是工业高质量发展是加快工业化进程、完成工业化的核心力量和关键支撑。基于此，本书在对工业化的再认识和理论研究、工业化评价的方法和实践的基础上，对广西工业化进程进行了回顾和判断，并对全国工业化进程进行了对比分析。

2018 年 5 月，广西在全国较早地召开了工业高质量发展大会，绘制了广西工业发展蓝图，吹响了大力推动工业高质量发展的号角，开启了广西工业高质量发展新征程。出台了《关于推动工业高质量发展的决定》，做出了推动工业高质量发展的决策部署，提出了以“强龙头、补链条、聚集群、抓创新、创品牌、拓市场”和培植“工业树”、打造“产业林”的总体思路，着力实施工业强桂战略，聚焦传统产业“二次创业”，大力发展战略性新兴产业，加快振兴轻工业三大任务，力争到 2020 年，初步形成工业高质量发展新体系；到 2025 年，工业高质量发展新体系更加完善，工业发展总体达到全国中上水平。此外，广西还出台了

《广西工业高质量发展行动计划（2018—2020年）》、12大重点产业链及产业集群发展方案、4个配套政策文件、35个重点县工业发展规划，实施了全区优化营商环境大行动、创新支撑产业高质量发展行动、“双百双新”产业项目建设、产业大招商行动等一系列重大举措，在工业高质量发展的精神指引下，广西工业强龙头补链条聚集群工作思路基本形成，工业发展新理念、新思路深入人心，加快广西工业化进程成为当前广西工业发展的重点战略任务。

但是，总的来看，当前广西工业化进程仍处于中期阶段，存在着人力支撑乏力、空间布局不优、产业结构不优、创新能力薄弱、信息要素不足、产业配套欠缺、平台载体偏少、区位优化挖掘不充分、资源能源制约、发展环境不优等主要瓶颈，分析其原因，主要是受人口综合素质制约、体制机制创新制约、质量品牌培育制约、产业发展机遇制约、营商发展环境制约，同时广西工业化发展也存在着难得的机遇，主要是质量发展日益受到重视、科技革命蓄势待发、做优产业成为重点、区域合作与省际合作不断深化、“一带一路”建设带来新机遇等。基于上述分析，本书提出了加快推进广西工业化进程的关键举措，主要从加快优化产业结构、建设现代化产业体系，持续优化工业布局、促进区域协调发展，全面优化营商环境、构建现代高效政府，有效加强科研投入、健全产业创新体系，实施人才战略、提升人力资源，提升工业智能化水平、促进两化深度融合，健全项目引育机制、增强产业发展后劲等方面，加快推动广西工业化进程和高质量发展。

党的十九大做出了“我国经济已由高速增长阶段转向高质量发展阶段”这一历史性判断，高质量发展成为新时代下做好经济工作的根本要求。加快广西工业化进程、推动工业高质量发展，是贯彻落实党的十九大精神和习近平总书记视察广西重要讲话精神、扎实推动经济持续健康发展的必然要求，是适应社会主要矛盾变化、实现与全国同步全面建成小康社会的必然要求，是建设现代化经济体系、追赶全国现代化建设步伐的必然要求，是从“数量扩张”转向“质量提升”再从“要素驱动”转向“创新驱动”的必然要求。必须立足区情实际，充分认识推动工业高质量发展的重大战略意义，把思想和行动统一到中央重大决策部署上来，切实增强紧迫感、危机感、使命感、责任感，以更坚定的决心、更明确的目标、更有力的举措，推动质量变革、效率变革、动力变革，加快推动广西工业化进程、实现工业高质量发展。

目　录

第一章　工业化的再认识和理论综述

一、工业化的基本内涵及发展阶段

党的十九大报告指出，要使市场在资源配置中起决定性作用，更好地发挥政府作用，推动新型工业化、信息化、城镇化、农业现代化同步发展，主动参与和推动经济全球化进程，发展更高层次的开放型经济，为工业化进程指明了新方向。

（一）工业化的基本内涵

工业化是指在一个国家和地区国民经济中，工业生产活动取得主导地位的发展过程。从本质来看，工业化是基于持久技术创新的物质生产持续增长和劳动生产率提高的过程①。关于工业化问题一直以来既是经济史学所关注的重要问题，也是现代发展经济学研究的核心问题。较具代表性的领域主要如表 1－1 所示。

表 1－1　工业化基本内涵综述

理论学派	观点论述	代表人物
生产行业论	（1）工业化主要表现为制造业（尤其是重工业部门）在国民经济中比重的增加。 （2）西方经济学家把工业化理解为制造业是经济发展的目标。 （3）工业化是指一个社会中农业部门相对重要性下降或工业制造方式相对于手工业制造方式的优势地位②	乔治·恩德勒

① 乔治·恩德勒等．经济伦理大辞典［M］．上海：上海人民出版社，2001：208.

② 乔治·恩德勒等．经济伦理大辞典［M］．上海：上海人民出版社，2001：207.

续表

理论学派	观点论述	代表人物
生产工具论	（1）工业化就是以机器生产取代手工操作为起源的现代工业的发展过程。 （2）德国经济史学家鲁道夫·吕贝尔特在《工业化史》提出，“只是在机器时代破晓以后，随着纺织的机械化，随着蒸汽机作为一项新的能源，随着从单件生产过渡到系列生产，过渡到大规模生产，人类社会才开始了巨大的变化”①。 （3）我国学者认为，工业化就是用机器体系取代手工劳动的过程。社会经济在工业化阶段的基本任务就是生产手段的彻底改造②	鲁道夫·吕贝尔、陈淮
生产方式论	（1）工业化可定义为“国民经济中一系列基本的生产函数（或生产要素组合方式）连续发生由低级到高级的突破性变化（或变革）的过程”③。 （2）所谓工业化，一般以大机器生产方式的确立为基本标志，是由落后的农业生产体系向现代工业生产体系转变的过程。 （3）工业化的核心是发展大规模高效率的制造业，并以此带动农业和服务业的发展，向社会提供丰富的物质产品	张培刚
经济结构论	（1）工业化是机器大工业诞生以来经济结构的变化过程。英国经济学家伊特韦尔提出，一般表现为国民收入（或地区收入）中制造业活动和第二产业所占比例提高了，以及就业劳动人口的比例变化的趋势④。 （2）从量的发展来看，工业化进程主要表现为工业增加值及其就业人口在整个国民经济中比重的提高，从质的发展来看，工业化进程主要表现为工业内部结构的升级演进。实现工业化的核心内容就是促进产业结构的优化升级	伊特韦尔
资源配置结构论	（1）可将工业化定义为资源配置的主要领域由农业转向工业的过程。即产品的来源和资源的去处从农业活动转向非农业生产活动⑤。 （2）工业化从本质上是指一个社会的经济结构从以农业经济为主体向以非农业的工业经济为主体的方向转换的进程	西蒙·库兹涅茨
国民经济发展过程论	工业化是指机器大工业在国民经济中占优势地位的过程，即用现代科学技术装备工业，并用它去装备农业和国民经济其他部门，使国家由落后的农业国变为先进的工业国的过程⑥	许涤新

① 吕贝尔特．工业化史［M］．戴鸣钟译．上海：上海译文出版社，1983：1.
② 陈淮．工业化仍在挑战中国［J］．北方经济，2002（10）.
③ 张培刚．发展经济学通论（第1卷）［M］．长沙：湖南出版社，1991：190－192.
④ 约翰·伊特韦尔．新帕尔格雷夫经济学大辞典（第2卷）［M］．北京：经济科学出版社，1996：861.
⑤ 西蒙·库兹涅茨．现代经济增长（第2卷）［M］．北京：经济科学出版社，1989：35.
⑥ 许涤新．政治经济学辞典（下）［M］．北京：人民出版社，1981：350.

续表

理论学派	观点论述	代表人物
第二次现代化论	（1）人类社会的发展可以分为四个阶段：即原始社会、农业社会、工业社会和知识社会。 （2）工业化实际是指第一次现代化即从农业时代向工业时代、农业经济向工业经济、农业社会向工业社会、农业文明向工业文明的转变过程	鱼焦启

资料来源：张培刚．农业与工业化［M］．武汉：华中科技大学出版社，2002.

上述理论研究从不同角度定义了工业化的基本内涵，阐释了工业化的本质特征，进一步揭示了工业化演进的深层原因和主要动力。结合上述分析，本书工业化的内涵主要包括以下几个方面：

1. 产业革命诱发：工业化主要是由产业革命引发并推动形成的

生产方式的变革，在工场手工业中以劳动力为起点，在大工业中以劳动资料为起点。当1735年约翰·怀特（JohnWyatt）宣布纺纱机发明问世，由此开启了18世纪的工业革命史，机器是18世纪工业革命的起点。大工业必须掌握特有的生产资料，即机器本身，必须用机器来生产机器。这样，大工业才能建立起与自身相适应的技术基础①。第一次产业革命使工厂制代替了手工工场，奠定了用机器生产机器，机器代替手工劳动这一最基本的工业化生产方式的出现，大大加强了世界各地之间的联系，宣告工业化时代的来临。

2. 生产方式变迁：工业化是机器大工业生产取代农业生产方式的过程

工业化是由大机器取代工场手工业的生产方式，代替农业生产方式，最终成为社会主要生产方式的过程。工业化伴随着生产方式的转变，生产工具的变化是生产力变化的最终标志。工业化是起源于机器生产的现代化，而由机器大工业生产工具发生重大变革后，催生了新的生产方式，即大工业生产方式的建立。由此形成新的与生产力相适应的生产组织方式、资源配置方式、产业组织形式等，并迅速向各个部门渗透，从而大机器生产取代工场手工劳动，最终替代旧的生产方式。

3. 组织制度变迁：工业化是由市场制度代替自然制度的过程

工业化的本质是产业和社会分工的专业化，在工业化进程中，社会分工的专业程度日益加深，细分领域和多学科交叉环节日趋成为新经济、新产业、新技术、新模式培育诞生和创新发展的主要依托。分工的专业化推动产业发展方向和

① 马克思．资本论（第一卷）［M］．北京：人民出版社，1975：408，409，410，421－422.

重点的调整，并带动工业化发展成果由城市向农村等外围区域递次扩张，从而实现产业结构升级。专业化分工推动了学科建设的日趋完善，进而培育、产生更多高素质的人才，生产率得到大幅度提升。资产阶级革命之后，市场制度在各国资源配置中跃居主导地位，更加有效引导、优化资源配置，提高了资源配置效率，加快了经济增长。市场制度本身所具有的公开、平等和自由原则，既是工业化时代发挥工业主导作用的制度基础，也是现代工业文明的内在精髓。我国改革开放以来，市场化改革每推进一步，工业化都会取得新的进展。因此，培育和完善各种产品市场和要素市场，制定和完善市场制度，是推进工业化进程的必然方向。

4. 经济社会升级：工业化是由传统的农业社会转变为工业和后工业社会的过程

全球工业化进程表明，产业革命是社会现代化的第一推动力，并引发全球性的工业化运动，并从生产方式上过渡到工业和后工业社会。政府必须注重内部结构关系的协调和整体进程的把控，为各产业发展营造平等竞争的政策环境。同时，应避免以行政干预方式影响产业结构的调整，尽量避免将工业总产值、增加值等指标作为衡量一个国家或地区工业化水平的标准，应更全面、客观、科学地评价当地工业化进程。随着新技术革命的兴起，“二战”后资本主义社会逐渐显示出与“二战”前的资本主义不同的社会特征，被美国著名社会学家贝尔称为“后工业社会”（1959 年提出）。其中，关于后工业社会的经济形态，已有多种说法。1980 年出版的托夫勒的《第三次浪潮》提出“后工业经济”，奈斯比特 1982 年在《大趋势》中提出“信息经济”，英国福莱斯特 1986 年在《高技术社会》中提出“高技术经济”，1990 年联合国研究机构提出“知识经济”。总体来看，17 世纪的科学革命催生了 18 世纪的工业革命；19 世纪的科技发展促进了 20 世纪工业经济的腾飞；20 世纪中叶以来的信息技术革命孕育了 21 世纪的知识经济时代。

综上所述，工业化是指由产业革命引发并推动的以机器大工业生产方式取代工场手工业生产方式成为社会的主要生产方式并最终代替农业生产方式，市场经济制度代替自然经济制度，传统的农业社会转变为工业社会，从而进入信息社会或“后工业社会”的过程。总的来看，工业始终是工业化进程的核心力量或主导力量，工业化进程的发展离不开工业的发展支撑。

（二）工业化的发展阶段

1. 工业化发展阶段

在工业革命的早期阶段，人们被迫适应新的生产关系，从农村转移到城市定居，工业化及其变化提高了人们收入水平和生活水平。

第一次工业革命：蒸汽化。18 世纪 60 年代，第一次工业革命从英国发起，并逐渐蔓延到欧美发达国家，开创了以机械代替手工工具的新时代。这场革命以纺织机的诞生为起点，以蒸汽机作为动力机被广泛使用为标志，并随之引发相关社会关系的变革，被称为第一次工业革命或者产业革命。从生产技术而言，工业革命使工厂制代替了手工工场，用机器代替了手工劳动；从社会关系而言，工业革命使依附于落后生产方式的自耕农阶级逐渐消失，并使工业资产阶级和工业无产阶级形成和壮大起来。

表 1－2 第一次工业化革命：机械化

<table>
<tr><th>工业革命年份</th><th>核心国家及主要特征</th><th>工业革命区间</th></tr>
<tr><td>1765</td><td>纺织工哈格里夫斯发明“珍妮纺织机”，揭开了工业革命的序幕</td><td rowspan="6">18 世纪 60 年代至 19 世纪 40 年代</td></tr>
<tr><td>1785</td><td>瓦特制成的改良蒸汽机投入使用，带来了更加便利的动力，推动了机器的普及和发展，人类社会由此进入了“蒸汽时代”</td></tr>
<tr><td>1807</td><td>美国人富尔顿制成以蒸汽为动力的汽船，并试航成功</td></tr>
<tr><td>1814</td><td>英国人史蒂芬逊发明了“蒸汽机车”</td></tr>
<tr><td>1825</td><td>史蒂芬逊亲自驾驶的一列拖有 34 节小车厢的火车完成试车，人类的交通方式进入以蒸汽为动力的时代</td></tr>
<tr><td>1840</td><td>英国成为世界上第一个工业国家</td></tr>
</table>

资料来源：根据相关资料综合整理。

第二次工业革命：电气化。19 世纪 70 年代，以科学技术的进步和工业生产的高涨为标志的历史变革，被称为第二次工业革命。世界由“蒸汽时代”进入“电气时代”，一些发达资本主义国家的工业总产值超过了农业总产值，工业重心由轻纺工业转为重工业，出现了电气、化学、石油等新兴工业部门。随着发电机、电动机相继发明，远距离输电技术的出现，电气工业迅速发展起来，电力在生产和生活中得到广泛的应用。内燃机的出现及其广泛应用为汽车和飞机工业的发展提供了可能，推动了石油工业的发展。从 19 世纪 80 年代起，人们开始从煤炭中提炼氨、苯、人造燃料等化学产品，塑料、绝缘物质、人造纤维、无烟火药相继发明并投入了生产和使用。冶金、造船、机器制造以及交通运输、电信等工业部门的技术革新加速推进，极大地加快了全球工业化进程。

表1-3 第二次工业化革命：电气化

工业革命年份	核心国家及主要特征	工业革命区间
1866	德国人西门子制成了发电机，到19世纪70年代，实际可用的发电机问世	19世纪70年代
1908	石油、汽车和大规模生产时代	

资料来源：根据相关资料综合整理。

第三次工业革命：自动化。从20世纪四五十年代以来，在原子能、电子计算机、微电子技术、航天技术、分子生物学和遗传工程等领域取得重大突破，这次科技革命被称为第三次科技革命，产生了一大批新型工业，其中最具划时代意义的是电子计算机的迅速发展和广泛运用。第三次科技革命以原子能、电子计算机、空间技术和生物工程的发明和应用为主要标志，是涉及信息技术、新能源技术、新材料技术、生物技术、空间技术和海洋技术等诸多领域的一场信息控制技术革命，极大地推动了人类社会经济、政治、文化领域的变革，深刻影响了人类生活方式和思维方式。

表1-4 第三次工业化革命：自动化

工业革命年份	核心国家及主要特征	工业革命区间
1957	苏联发射了世界上第一颗人造地球卫星，开创了空间技术发展的新纪元	20世纪四五十年代
1958	美国发射了人造地球卫星	
1959	苏联发射的“月球”2号卫星成为最先把物体送上月球的卫星	
1961	苏联宇航员加加林乘坐飞船率先进入太空	
1969	美国人尼尔·阿姆斯特朗实现了人类登月的梦想。70年代以来，空间活动由近地空间为主转向飞出太阳系	
1970	中国发射第一颗人造卫星，中国宇航空间技术迅速发展，并跻身世界宇航大国之列	
1970	发展以第四代计算机为大规模集成电路机	

资料来源：根据相关资料综合整理。

第四次工业革命：智能化和新型能源。第四次工业革命以系统科学的兴起到系统生物科学的形成为标志，系统科学、计算机科学、纳米科学与生命科学的理论与技术整合，形成系统生物科学与技术体系，并深刻引发和推进了智能化发展。智能化和新能源是新一轮科技革命的核心领域，从长远发展来看，智能化和新型能源将深刻影响经济社会发展模式和能源结构变革，将是各国抢占新一轮科技革命和产业变革制高点的关键所在。

表 1-5 第四次工业化革命：智能化

工业革命年份	核心国家及主要特征	工业革命区间
1971	美国英特尔微处理器宣告问世	20 世纪后期
至今	全球进入以智能工厂、智能生产、人际交互、3D 技术、网络通信技术、物联网、资源整合、移动互联网、数字化制造、大数据革命、机器自组织、云计算、高度数字化、创新、个性定制为主	

资料来源：根据相关资料综合整理。

2. 新型工业化的新特征

当前，中国特色社会主义进入了新时代，我国经济已由高速增长阶段转向高质量发展阶段，正处在转变发展方式、优化经济结构、转换增长动力的攻关期，新时代的新型工业化呈现出新的发展特征。

一是新时代的新型工业化是抢抓新一轮科技革命和产业变革机遇的工业化。传统工业化模式强调依托资源和生产要素禀赋，在充分发挥低成本劳动力和其他生产要素价格优势的基础上，利用全球产业分工逐渐从价值链低端向中高端升级。虽然发达国家实现工业化的时间不尽相同，但都通过工业化完成了现代化进程。改革开放 40 年多来，我国抓住经济全球化背景下贸易投资、技术进步和产业转移的历史机遇，成功实现了加速发展，从而步入中高收入国家行列。

目前，全球新一轮科技革命和产业变革给人类生产和生活带来了巨大影响。互联网、大数据、人工智能与制造业的结合越来越广泛、深入，智能制造、智能服务正在成为全球传统工业和制造业转型升级的主要方向。信息技术和互联网技术的快速发展及广泛深入应用，对传统工业化模式提出巨大挑战：一个国家越来越难以主要依靠自然资源和劳动力资源优势实现工业化并最终实现现代化。我国抓住了一个非常有利的时间窗口，在工业化和经济追赶上取得巨大成就，但目前尚未完成工业化，整体技术创新能力仍不够强，多数产业的国际竞争力仍不够强，整个经济的综合实力仍不够强，需要进一步实现产业价值链升级和竞争力提升。因此，我国提出“制造强国”和“网络强国”等战略，目的就是抓住新一轮科技革命和产业变革的机遇，全面推进工业化与信息化的融合互动、技术创新与商业模式创新的融合互动、制造业与服务业的融合互动，努力实现中国制造向中国创造、中国速度向中国质量、中国产品向中国品牌的转变，最终完成中国制造由大变强的战略任务。

二是新时代的新型工业化是着力振兴实体经济的工业化。为推进工业化阶段顺利转换，党的十九大提出“加快建设实体经济、科技创新、现代金融、人力资源协同发展的产业体系”的任务。建设协同发展的产业体系是建设现代化经济体系的核心内容之一，它将有力地推动我国工业化进程，在未来15～20年的时间里完成工业化，进入后工业化社会。一段时间以来，我国经济发展面临实体经济内部供需结构失衡、金融与实体经济失衡、房地产与实体经济失衡等矛盾和问题，如果不能得到及时解决，就会阻滞我国社会主义现代化建设步伐。这些矛盾和问题的主要症结在于实体经济质量不高、发展不充分。因此，新时代推进新型工业化必须着力振兴实体经济。当前，顺应我国经济从高速增长阶段转向高质量发展阶段的大趋势，振兴实体经济的根本在于改变过去一味追求规模和速度的思路，把提高供给体系质量作为主攻方向，深化供给侧结构性改革，通过推进新型工业化努力提升工业特别是制造业的技术、标准、质量、效率、效益和竞争力，显著增强我国经济质量优势。

三是新时代的新型工业化是以新发展理念为指导、着力解决发展不平衡不充分问题的工业化。中国特色社会主义进入新时代，社会主要矛盾已经转化为人民日益增长的美好生活需要和不平衡不充分的发展之间的矛盾，矛盾的主要方面是不平衡不充分的发展。我国工业化也存在发展不平衡不充分的问题，主要是工业发展与生态环境保护不平衡、产品供需结构不平衡、地区之间发展不平衡，同时存在工业大而不强、创新能力总体不强、系统集成能力不强、关键技术对外依存度较高等问题。在新时代推进新型工业化，必须以新发展理念为指导，着力解决发展不平衡不充分问题。

四是坚持创新发展，努力推进技术进步、结构优化和全要素生产率不断提高的新型工业化。工业特别是制造业是技术进步和构建产业新体系的主战场。新型工业化的重点在于推进整体技术进步，加快突破若干重要战略性行业的重大关键共性技术、核心零部件生产，减少对外部的依赖，增强系统集成能力、基础配套能力和标准制定能力。当前，特别要推动新一代信息技术广泛深度地渗透到传统产业部门，着力推动传统制造业转型升级，使其尽快转到以提高劳动生产率和全要素生产率为主要增长方式的轨道上来；着力推动战略性新兴产业和未来产业发展，使其尽快成为我国经济保持中高速增长、产业迈向中高端水平的中流砥柱。

五是坚持协调发展，努力推进“四化同步”、产业融合和综合效益不断提升的新型工业化。习近平同志指出，我国现代化同西方发达国家有很大不同。西方发达国家是一个“串联式”的发展过程，工业化、城镇化、农业现代化、信息化顺序发展，发展到目前水平用了200多年时间。我们要后来居上，把“失去的200年”找回来，决定了我国发展必然是一个“并联式”的过程，工业化、信息化、城镇化、农业现代化是叠加发展的。所以，新型工业化必须结合中国实际，不断探索“四化”同步发展的路径。比如，如何以工业化为基础推进城镇化即产城融合发展而不是人为“造城”，如何把产业发展与人的城镇化有效统一起来，如何通过工业化延长农业产业链、提高农业附加值和效益等，都是需要探索解决的问题。

六是坚持绿色发展，努力推进节约资源、保护环境和生态文明不断进步的新型工业化。党的十九大报告指出，加快生态文明体制改革，建设美丽中国。我们要建设的现代化是人与自然和谐共生的现代化，既要创造更多物质财富和精神财富以满足人民日益增长的美好生活需要，也要提供更多优质生态产品以满足人民日益增长的优美生态环境需要。所以，工业化与生态环境的矛盾并不是要不要发展工业的问题，而是如何发展工业的问题。我们需要做的是走出一条区别于传统工业化模式的新型工业化道路，降低单位工业增加值能耗，减少污染物排放，提高高技术制造业和服务业比重，实现工业的绿色低碳发展。

七是坚持开放发展，努力推进比较优势不断提高、产业分工不断完善和合作共赢不断增强的新型工业化。世界的发展是很不平衡的，目前大多数国家尚未完成工业化，相当多的国家甚至还没有开始大规模工业化。要将中国的新型工业化放在全球经济分工合作的坐标系中去看待，始终坚持开放发展、共赢发展。加强与发展中国家合作，既向他们提供中国技术、中国经验，又增强我国要素资源优势；加强与发达国家合作；既提高全球价值链的包容性和分工效率，又推进我国转变发展方式、优化经济结构。当前，越来越多的中国企业“走出去”，在更大范围配置资源，这正是工业化进入新阶段的表现。未来要以“一带一路”建设为重点，坚持“引进来”与“走出去”并重，深化产业开放合作，使工业化的过程成为中国企业提升全球竞争力的过程，成为对全球发展贡献中国智慧和力量的过程。

八是坚持共享发展，努力推进包容普惠、布局合理和可持续发展能力不断提高的新型工业化。市场经济健康发展需要科学合理的生产力布局调控，实现共享发展需要解决好地区之间资源错配问题。目前，我国工业生产力资源配置既存在地区之间、城乡之间的不平衡，又出现大量的重复建设、重复引进，造成资源浪费。推进新型工业化，必须坚定不移推进供给侧结构性改革，通过“三去一降一补”优化工业存量资产结构，调整增量资产结构，实现健康、可持续发展。实现共享发展还需努力实现包容普惠发展。要通过多种方式让贫困地区、边远地区和革命老区的群众有更多机会参与工业化进程，分享工业文明成果，加快从贫困走向富裕①。

总体来看，研究新型工业化与传统工业化的区别必须充分认识新型工业化的本质特征，权衡新型工业化与传统工业化的利弊。新型工业化与传统工业化是紧密相连的，且又有区别。与传统工业化相比，新型工业化有着显著的不同，并主要体现在以下方面，如表 1 –6 所示。

表 1 –6　新型工业化与传统工业化的区别

对比要素	新型工业化	传统工业化
发展背景	我国工业化与信息化的发展是同步的，以信息化带动工业化，以工业化促进信息化提供良好的机遇	发达国家经济发展的路径是先实现工业化，在工业化得到长足发展后才进入信息化发展阶段
发展模式	新型工业化强调可持续发展战略，注重生态建设和环境保护，强调处理好经济发展与资源、环境之间的关系	传统工业化是“先发展后治理”的方式发展经济，以大量消耗资源、牺牲生态环境为代价
侧重点	新型工业化以人力资源优势和提高劳动者素质为出发点，注重把发展资金技术密集型产业和劳动密集型产业结合起来。在促进产业结构的不断优化升级的同时，强调扩大就业，改善就业环境，降低失业率	传统工业化过程中，片面强调机械化与自动化，没有充分考虑机器大工业带来的劳动就业等问题，导致贫富差距拉大甚至是社会动荡
所有制结构	新型工业化坚持以公有制为主体，多种经济成分并存，促使各种经济成分的优势和作用充分发挥出来，有利于解决工业化出现的问题，注重工业化与城镇化相结合，发挥市场机制在资源配置中的作用，鼓励非公有制经济的发展	我国传统工业化过去把单一的公有制作为基本经济制度，客观上制约了整个社会经济的发展
经济运行方式	新型工业化使计划和市场两种手段有机结合，充分发挥市场机制是在资源配置中的基础作用，通过市场供求关系、价格杠杆和优胜劣汰的竞争机制调节和优化生产要素的配置，提高资源利用效率	计划经济体制对我国经济的发展起过重要作用，但随着科学技术进步和生产的工业化、商品化、信息化和现代化的推进，计划经济体制的弊端日益暴露出来
发展方式	新型工业化追求国民经济的协调发展，在产业结构上根据市场供求状况调节社会资源配置，使基础产业适应国民经济发展的要求，消费品工业能够不断满足人民群众日益增长的物质文化生活需要；发展高新技术产业改造传统产业，发挥劳动力资源丰富和工资成本低的比较优势，大力培育产业竞争优势	传统工业化片面强调优先发展重工业，甚至以牺牲农业和消费品工业的发展为代价

① 赵昌文. 把握新时代新型工业化的新内涵［N］. 人民日报，2017 –11 –26.

续表

对比要素	新型工业化	传统工业化
工业及城镇化协调方式	新型工业化提出正确处理工业与城镇化的关系，遵循市场经济规律逐步做到工业能够反哺农业，坚持农村家庭联产承包责任制是发展农村专业化、社会化的分工体系，把分散的农户与大市场结合起来，促进农业产业化和农村人口城镇集聚	传统工业化通过行政手段对农村劳动力进行限制转移，延缓了城镇化的进程

资料来源：根据欧阳培、孙玉娟、刘雪等相关文献整理。

3. 新型工业化呈现出新趋势

近年来，新型工业化出现了新趋势：产业范式出现新变化，更加强调依靠创新和技术进步推动产业水平提升和价值链升级；产业组织形态呈现新特点，平台经济成为新的产业组织形态，在一定程度上改变了企业内部的组织结构和企业之间的分工合作关系；绿色发展成为新型工业化的重要内容和新的战略任务，并将带来新一轮绿色革命①。

一是产业范式向创新发展转变。产业范式转变反映出技术变革驱动下产业及企业发展规律的变化。新型工业化的产业范式与传统工业化相比发生了根本性变化。改革开放的40多年是我国工业化快速推进的40多年，也是产业范式发生巨大转变的40多年。如果说传统工业化强调依托资源和生产要素禀赋，在充分发挥低成本劳动力和其他生产要素价格优势的基础上，利用全球产业分工逐渐从价值链低端向中高端升级的话，那么，新型工业化则更加强调依靠创新和技术进步推动产业链提升和价值链升级。其中，既包括从劳动密集型、低附加值的简单加工制造环节向设计、研发、供应链管理、营销、服务等高附加值环节延伸的价值链垂直升级方式，也包括通过先进技术应用、价值链各增值环节重构、生产系统重组来提高产业链整体效率和竞争力的价值链平行跃升方式。

目前正在兴起的这场新工业革命，以新一代信息技术为核心，以新能源、新材料、生物技术等为代表的新兴技术群体性突破和协同应用为主体，以人、机器和资源间的智能互联以及制造业数字化、网络化、智能化为特征，为我们充分利用现代科学技术实现产业链提升、价值链升级提供了重大机遇。互联网、大数据、人工智能与制造业的融合越来越广泛深入，智能制造、智能服务正在成为全球传统工业和制造业转型升级的主要方向。从过去几年的实践看，无论是离散制

① 赵昌文．新型工业化的三个新趋势［N］．人民日报，2019－03－20.

造还是流程制造，行业领先企业在推进智能制造和智能服务方面已经取得明显进步，生产的数字化、网络化和智能化在一定程度上减轻了企业招工难和劳动力成本快速上升导致的压力，并大幅提高了生产效率和竞争力。

新一代信息技术快速发展及广泛深入应用，对传统工业化模式提出了巨大挑战。智能制造和个性化定制将使许多行业规模经济优势变得不明显，发达国家原本在研发和设计等方面的竞争力将得到强化，一个国家越来越难以主要依靠自然资源和劳动力资源优势实现工业化并最终实现现代化。加之本地化、分散化生产方式可能得到迅速发展，对包括中国在内的发展中国家和追赶型经济体提出了新挑战。如何抓住机遇、应对挑战，是推进新型工业化必须面对的时代课题。从这个意义上讲，我们必须深入实施创新驱动发展战略，加快推动产业范式转变，实现经济发展质量变革、效率变革、动力变革。

二是平台经济成为新的产业组织形态。近年来，全球互联网领域一直呈快速发展态势，云计算、大数据、区块链、人工智能等技术逐步成熟并走向应用，正在与制造业和实体经济实现融合。一些国家或企业提出数字经济与制造业深度融合的新概念，如德国的“工业 4.0”、美国通用电气公司等提出的工业互联网。德国“工业 4.0”以智能装备、智能生产和智能工厂为核心，希望解决其制造业信息化、数字化程度不高的问题，并由智能制造延伸至智能服务。美国通用电气公司等提出的工业互联网则倾向于凭借其强大的互联网和大数据技术优势，实现大数据分析和智能决策，提高现有产业的效率并带动新产业发展。无论哪一种概念或模式，其背后都是产业组织形态向平台化方向转型。也就是说，平台经济已成为新的产业组织形态，无论是生产领域还是消费领域都在进入平台革命时代。这构成了推进新型工业化的时代特征。在此背景下，一批国内外互联网科技企业如谷歌、脸谱、阿里巴巴、百度、腾讯、京东等，已快速成长为平台型企业；一些国外制造企业如 ABB、博世、IBM、通用电气等通过整合搭建制造与服务生态系统，演变成为平台商。

与传统工业化模式相比，平台经济更加强调制造与服务的融合，服务型制造成为新趋势。一方面，传统制造业企业内部的产品设计、技术研发、质量管理、测试认证、供应链管理、市场营销、物流服务等环节不断分离出去，通过专业化水平提升为制造业部门提供更加精准高效的支撑。另一方面，制造业企业通过创新优化生产组织形式、运营管理方式，不断增加服务要素在投入和产出中的比重，尤其是发展设计服务、网络化协同制造服务、信息增值服务，不断延伸和提升价值链。平台经济还在一定程度上改变了企业内部的组织结构和企业之间的分工合作关系。互联网在企业管理和生产组织领域的广泛渗透应用，减少了管理层次、压缩了职能部门，基于互联网的异地协同制造成为新模式。由此可见，新型工业化既是技术进步驱动下的生产力变革，也是管理创新驱动下的生产关系变革。

我国提出推动制造业高质量发展，目的就是抓住新工业革命的机遇，全面促进工业化与信息化的融合互动、技术创新与商业模式创新的融合互动、制造业与现代服务业的融合互动，在推进新型工业化的过程中努力实现中国制造向中国创造转变、中国速度向中国质量转变、中国产品向中国品牌转变，最终完成中国制造业由大变强的战略任务。

三是绿色发展成为新的战略任务。新型工业化不仅仅是工业、制造业部门内部的事情，而是涉及生产要素、资源环境与生产方式的系统性、整体性变革。从世界工业化历史看，工业革命使经济规模前所未有地扩大，产业结构发生深刻变革，物质生活水平大幅提高，这无疑是巨大的成就。但是，历史上的每次工业革命都没有解决好绿色发展问题，“先污染，后治理”几乎成为工业化国家的宿命。即使在当代，许多后发国家在这个问题上仍然重复着工业化国家曾经犯过的错误。新型工业化不能只有技术进步和经济增长，还要有资源节约和环境友好。从这个意义上讲，新型工业化将带来新一轮绿色革命。

党的十八大以来，创新、协调、绿色、开放、共享的新发展理念在全党和全国人民中牢固树立起来。习近平同志强调，“保护生态环境就是保护生产力，改善生态环境就是发展生产力”，深刻揭示了从工业文明到生态文明跃升的基本规律，为新时代推进新型工业化提供了思想指导和行动指南。按照绿色发展理念推进新型工业化，需要做好以下工作：一是对原有工业经济系统进行绿色化或生态化改造，包括开发新的生产工艺、降低或替代有毒有害物质使用、高效和循环利用原材料、减少能源消耗、降低污染物排放及净化治理等。这些都能减轻对环境的压力，并提高资源利用效率，是传统工业部门必须完成的转型任务。二是发展能源资源节约型、生态环境友好型的绿色制造业或绿色产业，既包括能够有效利用能源资源、保护生态环境的新兴产业，也包括充分运用自然规律和资源循环利用原理的传统产业。三是大力发展太阳能、水能、风能、生物质能等可再生能源，加快调整能源结构，积极发展能源互联网，实现能源的清洁、安全和高效利用。绿色发展存在一定程度的“正外部性”。实现绿色工业化，既要加强政府监管，实行最严格的环境保护制度，提升环境治理能力；又要弘扬企业家精神，激发企业积极性，让企业在环境治理中发挥主体作用。新时代的企业家不应仅仅是技术和商业模式的创新者，也应是绿色工业化和生态文明的引领者。

4. 工业化进程评价的意义

所谓工业化进程评价是指建立在一套科学合理的评价指标体系上，对一个国家或一个地区的工业化进程进行基于时间维度的历史性评价，这有助于深刻识别工业化进程、推进工业化的高质量发展。

一是找准方位，确定阶段。工业化进程明确了我国或地区工业发展新的历史方位，为下一阶段坚持走新型工业化道路指明了前进的方向。这一方位影响深远，需要深入研究学习。因此，工业化进程评价有利于对一个国家或地区工业化水平做出横向和纵向的量化比较分析，进一步明确所处的工业化阶段。

二是明确问题，寻找短板。工业化进程评价有助于进一步明确工业化发展中瓶颈问题及背后原因。国际金融危机后，发达国家深刻认识到“制造业空心化”所带来的问题，纷纷推出“再工业化”战略和各类制造业振兴计划，包括美国的《先进制造业国家战略计划》和德国工业 4.0 计划等，掀起了第三次工业革命的热潮。因此，工业化进程评价有利于把握新时代工业化发展趋势及方向。

三是质量提升，创新驱动。党的十九大做出了“我国经济已由高速增长阶段转向高质量发展阶段”这一历史性判断，高质量发展是做好经济工作的根本要求。推动工业化高质量发展是贯彻落实党的十九大精神、是推动经济持续健康发展的必然要求，是适应社会主要矛盾变化、实现全面建成小康社会的必然要求，是建设现代化经济体系、追赶全国现代化建设步伐的必然要求，是从“数量扩张”转向“质量提升”、“要素驱动”转向“创新驱动”的必然要求。工业化进程评价有利于寻找工业经济新的增长点，实现工业化质量的新提升。

四是找准动力源，培育增长点。当前，新型工业化进程进一步加快，两化融合发展进入新的阶段，必须切实找准经济发展新常态下增长的动力源，不断发掘新的增长点，深入推进工业供给侧结构性改革，优化工业结构。工业化进程评价有利于明确一个国家或地区工业化特征，进而有利于开展更具针对性的动力源培育。

基于此，通过工业化进程评价和研究有助于更加准确地判断工业化进程所处的位置和阶段，也有助于厘清工业化进程中所存在的问题，更有助于统筹推进工业转型升级和现代产业体系建设进而实现高质量发展。

二、工业化研究的理论综述

在工业化研究方面，贝尔、配第—克拉克、库兹涅茨、霍夫曼、刘易斯、钱纳里等著名经济学家先后对工业化问题进行了广泛深入的研究，并取得了丰硕的理论成果。这些理论对开展工业化研究具有重要的指导意义。

（一）贝尔三阶段论

在马克思主义社会发展观的基础上，贝尔以生产力发展为中轴，将人类社会发展划分为前工业社会、工业社会和后工业社会三个社会发展阶段。第一阶段是在传统制度下构造起来的农业社会，人类主要与自然进行斗争，生产率低，生产主要满足基本生活需要，社会活动的基本单位是大家庭。第二阶段即商品生产社会，由机器统治的社会是一个技术与工具理性化的世界，人、物质和市场被组织起来仅为了商品的生产和流通，是人类与“装配的自然”做斗争。第三阶段是基础服务，是“人与人之间斗争”的社会，财富的来源不再是体力、能源，而是信息①。

（二）配第—克拉克定理

“配第—克拉克定理”是研究经济发展中的产业结构演变规律的学说，是克拉克在威廉·配第研究成果基础之上，深入分析研究就业人口在三次产业中分布结构的变动趋势后得出的，克拉克的结论是，随着经济的发展，人均国民收入水平的提高，劳动力首先由第一产业向第二产业转移；当人均国民收入水平进一步提高时，劳动力便向第三产业转移。劳动力在产业间的分布状况为：第一产业将减少，第二、第三产业将增加。克拉克认为，劳动力从第一产业转向第二、第三产业的原因是由经济发展中各产业间出现收入的相对差异造成的。劳动力显著倾向于从低收入产业向高收入产业转移。

（三）库兹涅茨工业理论

库兹涅茨在继承克拉克研究成果的基础上，对产业结构的演变规律做了进一步的探讨，阐明了劳动力和国民收入在产业间分布结构演变的一般趋势，对伴随经济发展的产业结构变化做了分析研究，并将三次产业分别称为“农业部门”“工业部门”和“服务部门”，如表 1 – 7 所示。

首先，农业部门国民收入在整个国民收入中的比重以及农业劳动力在全部劳动力中的比重，随着时间的推移处于不断下降中。其次，工业部门国民收入的相对比重大体是上升的，然而工业部门劳动力的相对比重大体不变或略有上升。最后，服务部门的劳动力相对比重几乎在所有国家都呈上升趋势。但是，国民收入

① 丹尼尔·贝尔．后工业社会的来临［M］．北京：商务印书馆，1986.

的相对比重却未必和劳动力的相对比重的上升是同步的①。

表1－7　产业发展的形态概括（三部门的构成）

	（1）劳动力的相对比重		（2）国民收入的相对比重		（3）＝（2）÷（1）相对国民收入	
	时间序列分析	横断面分析	时间序列分析	横断面分析	时间序列分析	横断面分析
第一产业	下降	下降	下降	下降	（1以下）下降	（1以下）几乎不变
第二产业	不确定	上升	上升	上升	（1以上）上升	（1以上）下降
第三产业	上升	上升	不确定	微升	（1以上）下降	（1以上）下降

资料来源：杨公朴，夏大慰．产业经济学教程（修订版）[M]．上海：上海财经大学出版社，2002.

（四）霍夫曼理论

德国经济学家霍夫曼对工业化过程的工业结构演变规律做了开拓性研究，分析了制造业中消费资料工业和资本资料工业的比例关系，这一比例关系就是消费资料工业的净值和资本资料工业的净值之比，其比值就是霍夫曼比例。

所谓霍夫曼定理，就是在工业化进程中霍夫曼比例不断下降的规律。霍夫曼根据霍夫曼比例的变化趋势，把工业化的过程分成以下四个阶段，如表1－8所示，霍夫曼认为，在工业化的第一阶段，消费资料工业的生产在制造业中占有主导地位，资本资料工业的生产是不发达的；在第二阶段，与消费资料工业相比，资本资料工业获得了较快的发展，但消费资料工业规模，依然比资本资料工业规模大得多；在第三阶段，消费资料工业和资本资料工业的规模达到了大致相当的状况；第四阶段，资本资料工业的规模将大于消费资料工业的规模。

表1－8　霍夫曼工业阶段指标

阶段划分	消费资料工业/资本资料工业
第一阶段	5（±1）
第二阶段	2.5（±1）
第三阶段	1（±0.5）
第四阶段	1以下

资料来源：杨公朴，夏大慰．产业经济学教程（修订版）[M]．上海：上海财经大学出版社，2002.

---

① 从长期发展来看，随着工业领域自动化、智能化和信息化水平的不断提高，工业部门劳动力直接占比将呈现下降趋势，但由于工业部门涉及和关联产业广泛，在产业链视角下，因工业发展而带动和催生的间接劳动力规模呈现扩大趋势，这也为一个地区城镇化率水平的提升提供了关键支撑。

（五）刘易斯二元经济结构理论

二元经济结构理论是美国经济学家刘易斯于 1954 年提出的，刘易斯认为，在发展中国家国民经济呈现出二元性，存在性质不同的两种部门，一是以现代化方法进行生产、劳动生产率和工资水平较高的工业部门，二是以传统方式进行生产、劳动生产率很低的农业部门。工业部门的剩余产出为本部门的资本积累提供了条件，工业部门的扩张导致对劳动力需求的提高，促使农村剩余劳动力向城市工业部门转移。资本积累的规模越大，剩余劳动力转移的速度越快。刘易斯假设劳动力是无限供给的，也就是说由于劳动存在边际生产率等于零甚至为负的情况，即使在工资水平仅仅维持生存的情况下，劳动力的供给仍然超过需求。刘易斯认为，经济发展可分为两个阶段，在经济发展的第一阶段，无论劳动力的需求如何扩大，并不能吸收全部剩余劳动力，因此在工资不变的情况下仍旧可以得到丰富的劳动力供给。在这个阶段，资本积累加速，工业部门吸收农业部门的剩余劳动力迅速，当资本积累达到一定程度，经济发展进入第二阶段，经济发展出现了转折，资本积累赶上了劳动力供给，劳动力与其他生产要素供给一样缺乏弹性。这个时候，劳动的边际生产率上升，两部门的收入增加，二元结构逐步走向趋同。

（六）钱纳里工业化发展阶段理论

钱纳里吸收了克拉克和库兹涅茨的研究成果，并将研究领域进一步扩大到低收入的发展中国家，分析比较了 1950 ~ 1970 年 101 个国家（地区）关于经济结构转变的全过程。钱纳里借助多国模型，将经济结构转换过程划分为 7 个时期 3 个阶段，其中第 2、第 3、第 4 三个时期是传统工业化阶段，细分为工业化初期、工业化中期、工业化成熟期三个阶段，如表 1 – 9 所示。

表 1 – 9 钱纳里划分的工业化发展阶段

时期	人均收入变动范围（美元）		发展阶段	
	1964 年（美元）	1970 年（美元）		
0 1	70 ~ 100 100 ~ 200	100 ~ 140 140 ~ 280	初级产品阶段	
2 3 4	200 ~ 400 400 ~ 800 800 ~ 1500	280 ~ 560 560 ~ 1120 1120 ~ 2100	工业化阶段	初期 中期 后期

续表

时期	人均收入变动范围（美元）		发展阶段
	1964 年（美元）	1970 年（美元）	
5	1500～2400	2100～3360	发达经济阶段
6	2400～3600	3360～5040	

资料来源：钱纳里．工业化和经济增长的比较研究（中译本）［M］．上海：上海三联书店，1989.

三、新时代加快推进工业化的现实意义

党的十九大报告提出，推动新型工业化、信息化、城镇化、农业现代化同步发展，主动参与和推动经济全球化进程，发展更高层次的开放型经济，加快建设制造强国，加快发展先进制造业，推动互联网、大数据、人工智能和实体经济深度融合，在中高端消费、创新引领、绿色低碳、共享经济、现代供应链、人力资本服务等领域培育新增长点、形成新动能，坚定不移地走中国特色新型工业化发展道路。

（一）工业化是全面建成小康社会的必然要求

党的十九大作出了新时代中国特色社会主义发展的战略部署，提出从全面建成小康社会到基本实现现代化，再到全面建成社会主义现代化强国的战略目标，其中，工业化是我国经济社会发展进入新时代的必经之路，是进入创新型国家行列的冲刺阶段，特别是以创新、协调、绿色、开放和共享新发展理念为指导，着眼于解决工业化发展不平衡不充分问题，为决胜全面建成小康社会和全面建设社会主义现代化强国提供强大动力支撑，同时也是实现新时代战略目标的必然要求。

（二）工业化是加快实现高质量发展的必然路径

工业化是新时代经济增长的驱动力，是实现从高速度工业化向高质量工业化的转变，将促进企业、产业和产品各个层面实体经济供给质量显著提高。从快速的工业化进程向高质量工业化进程转变，核心就是提高实体经济供给质量，必须充分认识工业高质量发展的重大意义，工业高质量发展是实现经济更高质量、更有效率、更加公平、更加持续发展的必然选择，是保持经济持续健康发展的必然要求，是实现高质量发展的必然要求。

（三）工业化是建设现代化经济体系的必然要求

工业化是实体经济的主体，是国民经济的主导力量，工业强则国家强。推动工业化进程就是建设现代经济体系的过程，尤其是新时代发展背景下，必须加快转变经济增长动力和经济发展方式。只有通过深化供给侧结构性改革和大力实施创新驱动战略，建立工业化的创新驱动机制，促进产业高端化发展，进而形成创新驱动的高质量发展现代化经济体系。而现代化经济体系所要求的实体经济、科技创新、现代金融、人力资源协同发展的产业体系，也是以高质量实体经济为基础的，因此，加快工业化进程是建设高质量发展现代化经济体系的必然要求。

（四）工业化是实施“两化”融合发展的必经之路

工业化的实施是我国新型工业化与信息化、城市化和农业现代化的协同发展的结果。要深入实施“互联网＋工业”，推进“两化”深入融合发展，提升产品研发设计、生产工艺、物流配送等方面的信息化水平，创新互联网营销模式，促进生产经营集成化，广泛应用传感器，实现远程操控、实施感应，推动产业生产过程数据化、智能化。要通过实施制造强国和网络强国战略，推动互联网、大数据、人工智能和实体经济深度融合，处理好“两化”融合发展是工业化进程的必经之路。

（五）工业化是解决区域发展不平衡的必然举措

党的十九大报告强调区域协调发展，加大力度支持革命老区、民族地区、边疆地区、贫困地区加快发展，强化举措推进西部大开发形成新格局。我国区域工业化进程的严重失衡将对实现区域协调发展、平衡发展带来严峻挑战，必须促进工业化进程的包容性，协调各区域生产要素配置，解决生产要素跨区域有效流动，化解资源配置在地区间不平衡、不协调的结构性矛盾，是工业化进程协调发展的基本要求。

第二章　如何评价工业化进程：方法与实践

工业化是人类社会发展的必经阶段，是一个国家和地区随着工业发展、人均收入和产业结构连续发生变化的过程，人均收入的增长和经济结构的转换是工业化推进的主要标志。国内外学者针对工业化进程开展了多种形式的测度和评价，其评价结果是衡量一个地区工业化发展质量和实现程度的重要指标，因此构建科学合理、易操作的评价体系是开展工业化进程评价的前提。

一、工业化进程评价方法梳理

工业化是一个长期的、动态的、综合的过程，涉及政治、经济、社会、文化等诸多方面，因此，学者们对工业化进程的评价是在考量当时当地实际情况，提出多种指标综合评价方法，而多指标综合评价问题是多因素决策中遇到的具有普遍性的问题，在一些综合性的经济指标评价上被普遍应用。

（一）工业化进程评价的文献综述

近年来，国内外学者关于工业化进程的研究成果日益丰富，其中，国内关于工业化进程的研究主要采用指标测评方法，采取多重指标测度某一地区工业化进程，通过综合指标测评分析一个地区工业化现状和工业化实现程度。本部分采用中国知网数据库，将“工业化”“评价”作为核心搜索关键词，对其进行文献搜索，并梳理这些文章采用的评价方法。

1. 有关工业化进程评价硕博士论文梳理

按照“工业化”“评价”两个关键词搜索发现，被中国知网收录的有关工业化评价的硕博士论文共有24篇，其中博士论文2篇，硕士论文22篇。而按照"工业化""进程""评价"作为关键词搜索共有论文5篇，且全部为硕士论文。通过对这些硕博士论文工业化进程评价方法的研究，发现工业化进程评价方法均有较大的灵活性，学者们通过不同角度对工业化进程进行研究。其中有关工业化评价的方法和工业化路径演进的研究为本书提供了重要参考。

表2-1 关于工业化评价的硕博士论文

序号	名称	作者	毕业院校	学位	年份
1	区域信息化与工业化融合的影响因素及综合评价研究	马睟睟	中国地质大学	博士	2017
2	信息化与工业化融合评价体系与机理分析研究	仝海威	北京邮电大学	博士	2012
3	柴达木区新型工业化水平评价研究	刘仁杰	青海大学	硕士	2016
4	工业化、城镇化、农业现代化协调发展评价研究——基于省际面板数据的实证	罗胜	吉林财经大学	硕士	2014
5	新疆新型工业化发展评价及区域比较分析	龚维	新疆财经大学	硕士	2013
6	高密市工业化与信息化融合的影响因素及评价研究	魏磊	青岛科技大学	硕士	2013
7	"新型城镇化、新型工业化、农业现代化"协调发展的绩效评价与对策研究——以河南省为例	梁斌	东北财经大学	硕士	2013
8	黑龙江垦区工业化、城镇化与农业现代化协调发展水平综合评价与分析	王一夫	黑龙江八一农垦大学	硕士	2013
9	重庆市新型工业化评价指标体系构建及其测度	刘俊芳	重庆工商大学	硕士	2011
10	新型工业化评价体系	苏孝辉	沈阳工业大学	硕士	2011
11	合肥市工业化和城市化协调水平综合评价与分析	李孟秋	安徽大学	硕士	2010
12	重庆市新型工业化发展综合评价与对策研究	张锋	重庆工商大学	硕士	2010
13	云南新型工业化发展水平及空间态势评价研究	胡秀玉	云南师范大学	硕士	2009
14	基于综合评价的中国城市化与工业化协调分析研究	刘朋飞	新疆财经大学	硕士	2009
15	重庆市新型工业化评价理论与实证研究	万文娟	重庆大学	硕士	2009
16	包头市工业化与城市化协调发展水平综合评价与分析	赵艳	内蒙古师范大学	硕士	2007
17	县域新型工业化进程评价及仿真预测	王旭嘉	四川大学	硕士	2007
18	我国新型工业化进程评价指标体系及模型构建研究	吴晓庆	重庆大学	硕士	2007
19	我国工业化与城市化协调发展评价体系的研究	田雅娟	河北大学	硕士	2006

续表

序号	名称	作者	毕业院校	学位	年份
20	云南新型工业化发展水平评价	杨岚	昆明理工大学	硕士	2006
21	区域新型工业化评价指标体系及评价模型研究	姜红	吉林大学	硕士	2005
22	信息化发展对新型工业化进程贡献的统计评价问题研究	李美洲	暨南大学	硕士	2005
23	我国区域新型工业化的定量评价及实证研究	刘涛	重庆大学	硕士	2005
24	新型工业化评价指标体系及其应用研究	杨同宇	南京工业大学	硕士	2004

资料来源：根据中国知网入库文献搜索整理。

通过有关工业化进程评价硕博士论文的研究发现，多数研究侧重从某一地区工业化进程进行评价，并通过定性和定量相结合的方法，对一个地区工业化发展水平和所处的阶段形成一种评价，并采用指标综合评价的办法，对一个地区工业化进程形成比较详细和有说服力的评价结果，且大多根据评价结果与全国或区域总体水平进行横向对比，以找准差距，为下一步提升工业化发展水平提供着力方向。

部分研究注重工业化和“信息化”“城镇化”“农业现代化”之间的融合性、协调性研究，进而论证当前工业化进程和发展水平是否与其“信息化”“城镇化”“农业现代化”等相融合、相协调，并就提升其融合性、协调性提出对策建议。这类研究将工业化研究与其他经济社会发展现象研究相结合，将工业化看作是一个更具涵盖意义的经济社会发展现象，这类研究成果往往对推动一个地区综合发展具有更大参考价值。

另有部分论文侧重工业化评价指标体系的研究，这类论文侧重对国内外有关工业化评价方法、模型的梳理和创新，并分析部分评价方法及模型的优缺点，为开展工业化评价研究提供方法借鉴。

2. 有关工业化进程评价期刊论文梳理

按照“工业化”“评价”两个关键词搜索发现，被中国知网收录的有关工业化评价的期刊论文共有190篇，其中核心期刊论文75篇。而按照“工业化”“进程”“评价”作为关键词搜索共有论文14篇。就工业化评价研究来看，期刊论文与硕博士论文在该研究内容和方法上相似，但受期刊篇幅限制，对工业化进程进行评价时往往更聚焦，构建的评价体系比较容易操作，采用的指标往往更具综合性和全面性，评价结果也更具针对性。

表 2-2　关于工业化进程评价的核心期刊文章

序号	篇名	作者	期刊	发表时间
1	中国工业化进程中的产业发展质量测度与评价	付晨玉、杨艳琳	数量技术经济研究	2020 年 3 月
2	信息化与工业化融合评价指标及实证研究	于长钺、王长峰、庄文英	情报科学	2017 年 4 月
3	内蒙古工业化进程的综合评价与演进分析	甄江红、贺静等	干旱区资源与环境	2014 年 2 月
4	西北少数民族地区工业化历史进程、现状评价与发展路径	蔡文浩、赵霞等	西北民族大学学报	2014 年 1 月
5	新疆工业化进程与物流发展水平的协调度评价	张倩、王春豪等	企业经济	2013 年 6 月
6	民族地区工业化进程评价研究	樊胜利	开发研究	2012 年 6 月
7	湖北新型工业化进程评价与实证分析	张利阳、彭开虎	统计与决策	2012 年 3 月
8	西江经济带新型工业化进程评价及对策研究	廖志高、马璐	会计之友	2011 年 9 月
9	新疆工业化进程综合评价	秦放鸣、孙庆刚	新疆师范大学学报	2011 年 1 月
10	江西省工业化进程综合评价和加速工业化进程的对策分析	陈敏	当代财经	2009 年 8 月
11	安徽省工业化进程的综合评价和特征分析	石昶、温合瑶	华东经济管理	2009 年 2 月
12	安徽 17 市工业化进程测度和评价	芮宏	江淮论坛	2009 年 2 月
13	农业工业化进程的评价指标体系构建与实证分析	曾福生、匡远配等	农业技术经济	2008 年 2 月
14	西部地区工业化进程的综合评价和阶段性特征	陈佳贵、钟宏武	开发研究	2007 年 2 月
15	福建新型工业化进程基本评价与新时期战略选择	陈明森、陈新等	中共福建省委党校学报	2006 年 7 月
16	中国地区工业化进程的综合评价和特征分析	陈佳贵、黄群慧等	经济研究	2006 年 6 月

资料来源：根据中国知网入库文献搜索整理。

仅就以上核心期刊有关工业化进程评价的研究来看，多数研究侧重从省域、地区层面开展工业化进程评价，其中省域层面研究，多对省内各市工业化进程进行评价，而从地区层面研究时，则往往对各省工业化进行评价，还有个别学者针对全国开展工业化进程评价和研究。在评价方法上，这些论文同样是通过构建目标层、准则层、指标层，多数采用指标测评方法，对其工业化发展水平和所处的阶段进行评价。

个别研究则针对工业化的一方面——农业工业化进行研究，这种研究视角较为独特，但在研究方法上，同样采用指标测评法，这种研究进一步细化了工业化研究的领域，对更好地推动“工业反哺农业”，实现农业现代化和第一、第二产业良性互动具有参考意义。

（二）工业化进程评价的主要方法

工业化进程评价方法众多，总体上可分为主观评价法和客观评价法，但现实评价中往往将两种方法结合使用，以有效规避各自的不足。

1. 客观评价法

采用客观评价法构建综合评价模型，主要根据各个指标之间的关系或各指标的变异系数来确定权数来综合评价。目前主要有以下方法：TOPSIS 法、灰色关联分析法、神经网络分析法、熵值法、主成分分析、变异系数法、聚类分析、判别分析等多元分析方法。这些方法在使用上又各有所长，根据评价指标性质和评价目的进行综合使用。

2. 主观评价法

主观评价法采用主观确定权重的方法，主要根据专家或重要参与人的经验确定权重，根据具体算法对目标进行综合评价，而这种方法主要受专家和参与人主观影响，进而确定权数的大小。这种方法对专家或参与者的专业程度、知识水平、研究能力相关。主观评价的方法有：层次分析法、综合评分法、功效系数法、指数加权法和模糊评价法等。

采用指标评价方法千差万别，主要有层次分析法、数据包络分析法（DEA）、灰色综合评价、因子分析等方法，这些方法都存在一定的优势和不足，目前尚无特别完善的工业化评价方法。涉及工业化的指标评价方法还有很多，但都不可避免地带有优缺性，此外，一些评价方法客观性强，另一些方法主观性较强。本书将借鉴国内外学者现有的研究成果，并结合全国及广西工业发展实际，选择一套既便于数据获取和计算，又便于评价结果横向、纵向比较的方法。通过指标评价切实反映出广西工业化进程和工业发展现状，为进一步针对性提出对策建议奠定基础。

二、工业化进程的划分标准研究

（一）工业化进程的划分标准

工业化是一个国家或地区经济变革的重要体现，是其经济社会发展的历史阶段，但对工业化进程的划分仍缺少一个公认的标准。根据不同的指标数据，可将工业化分为工业化初期、工业化中期、工业化后期和后工业化阶段。国内外学者对工业化进程的量化往往采用工业结构、产业结构、从业结构、人均收入水平、城镇化率等指标数据进行综合测度，其代表人物有霍夫曼、库兹涅茨、科林·克拉克、钱纳里与塞尔奎因、约翰·科迪等，其创立的典型量化测度方法受到了国际国内普遍认可和广泛采纳。

在通常情况下，国内主要采用人均生产总值、产业结构（非农产业增加值比重或第一、第二、第三产业产值比）、工业结构（制造业增加值占总商品生产部门增加值的比重）、就业结构（非农就业比重或第一产业就业占比）以及城镇化率等指标来评价工业化水平。

（二）工业结构水平判断方法

霍夫曼比例。霍夫曼比例是德国经济学家霍夫曼在 1931 年出版的《工业化的阶段和类型》[①] 中提出的，该比例为消费资料工业与生产资料工业的比值，并根据这一比值的变化，将工业化分为四个阶段：第一阶段，霍夫曼比例介于 4 ~ 6；第二阶段，霍夫曼比例介于 1.5 ~ 3.5；第三阶段，霍夫曼比例介于 0.5 ~ 1.5；第四阶段，霍夫曼比例小于 0.5[②]。霍夫曼比例亦称作霍夫曼系数，其基本表达式为：

霍夫曼比例 = 消费资料工业净产值/生产资料工业净产值

霍夫曼比例揭示了工业化进程中工业部门内部结构的一般趋势，其本意为霍夫曼比例越低，资本品工业规模越发展，相应的消费品工业比重越小，而工业结构乃至整个产业结构高度越高，而工业结构水平在一定程度上反映出工业化进程情况，因此，霍夫曼比例是常用的工业化进程划分标准。

（三）工业化阶段：科迪指标

在联合国工业发展组织和世界银行联合主持的一项研究中，约翰·科迪等（1990）学者通过制造业增加值在总生产部门增加值中所占的百分比来衡量工业化水平[③]。科迪等把工业化水平划分为非工业化（20% 以下）、正在工业化（20% ~40%）、半工业化（40% ~60%）、工业化（60% 以上）四大类。之所以

---

① 报告参考了 1958 年由曼彻斯特大学出版的英译本 *The Growth of Industrial Economies*，基本结论与 1931 年德文版相同。

② Hoffmann W. G. The growth of industrial economies [M]. Manchester: Manchester University Press, 1958.

③ [美] 约翰·科迪等. 发展中国家的工业发展政策 [M]. 北京：经济科学出版社，2003.

采用制造业作为衡量工业水平的主要依据在于，制造业在工业中占主体部分（工业还包括采掘业和自来水、电力、蒸汽、热水、煤气等行业）；总商品生产增加值（包括农业、林业、渔业；矿产业；制造业；电力及其他公用事业；建筑业），大概相当于物质生产部门（第一产业、第二产业）的增加值。

（四）产业结构水平划分方法

1. 西蒙·库兹涅茨划分标准

根据美国经济学家西蒙·库兹涅茨的研究，工业化过程中产业结构变动最迅速、最剧烈，能够显著体现工业化进程。从三次产业结构变动规律看，在工业化初期，第一产业占比高，第二产业占比低，第三产业占比同样较低（但对于市场经济较发达的国家和地区，在工业化初期，商业、服务业发展较好，第三产业比重较高）①。伴随着工业化的演进，第一产业比重开始下降，第二产业比重迅速上升，第三产业比重缓慢提高。而第一产业比重下降到20%以下且第二产业占GDP的比重开始高于第三产业时，工业化开始步入中期阶段。而当一个国家和地区第一产业比重降低到10%以内、第二产业的比重上升到最高水平时，就进入工业化进程的结束阶段，在这一阶段中，第二产业比重将大体保持稳定，或者略有降低。

2. 塞尔奎因与钱纳里划分标准

塞尔奎因与钱纳里等研究发现，产业结构变动具有一定的规律性。从三次产业GDP结构的变动看，在前工业化阶段，第一产业的比重较高，第二产业的比重较低；在工业化初期，第一产业的比重持续下降（大于20%），第二产业的比重迅速上升，但低于第一产业的比重，而第三产业的比重只是缓慢提高；当第一产业的比重降低到20%以下、第二产业的比重上升到高于第三产业而在GDP结构中占最大比重时，工业化进入了中期阶段；当第一产业的比重再降低到10%左右、第二产业的比重上升到最高水平时，工业化进入后期阶段②。

同时，工业化过程是劳动力从第一产业向第二、第三产业转移的过程，是由劳动密集型产业向资本、技术密集型产业转移的过程，同时也是由生产率低的部门向生产率高的部门转移的过程。因此，通过分析就业结构演变轨迹，可以判断工业化发展的阶段。根据塞尔奎因和钱纳里就业结构模式，三次就业结构变化的趋势是随着工业化的起步和推进，第一产业劳动力比重不断下降，第二产业和第

---

① ［美］库兹涅茨．现代经济增长［M］．戴睿，易诚译．北京：北京经济学院出版社，1989.

② ［美］霍利斯·钱纳里，谢尔曼·鲁宾逊，摩西·塞尔奎因．工业化和经济增长的比较研究［M］．吴奇等译．上海：格致出版社，2015.

三产业劳动力比重不断提高；当工业化发展到一定阶段时，第二产业劳动力比重的变化不再显著，大量农业劳动力开始向第三产业转移，并导致第一产业劳动力比重的持续下降与第三产业劳动力比重的持续上升。

三、工业化进程的评价体系研究

（一）工业化进程指标选取及评价原则

科学性原则。指标体系要能较为客观地反映基于工业化内涵、各个要素与指标间的相互联系，并能较好地度量工业化进度。按照科学的设计理念设立评价体系，进行指标选取，注重体现工业化发展的方向及国内外有关标准和先进水平，为使工业化评价结果适应新时代发展特征，在指标选择上着重体现产业结构优化升级、经济发展方式转变和更高水平全面小康社会建设等发展导向。

认同性原则。工业化进程评价指标的选择应考虑国内外著名学者有关工业化的评价及指标选择的内容，尽量选取在国内外研究中被普遍认可的指标。同时，应充分结合工业化发展新形势，适应工业化发展目标规划、全面了解工业化进程、加强工业经济指导的需要。

动态可比性原则。工业发展是一个动态的过程，在指标选取上，应充分体现便于开展横向和纵向比较的需要，若有条件，应选取具有弹性的指标，能够适应不同时期区域发展特点，进而反映出主要年份各地区工业化水平，同时能反映出该地区工业化所处阶段在区域或全国所处的位置，进而全面反映一个地区工业化发展的情况。

全面性原则。在评价中应注重采用全面意义、具有代表性的指标，既要体现出对工业化进程的评价，又要对其工业化发展的均衡程度作评价，实现横向比较。既要对工业化发展状况和实现程度进行评价，又要反映出其工业化所处阶段和存在的问题，为下一步推动工业化进程提供改进方向和参考依据。

易得可操作性原则。工业化涵盖指标较多且较为复杂，而部分指标难以定性评价、准确计算，在指标获取上存在一定难度，因此不能盲目追求工业化的全面评价，应充分结合研究实际，综合考虑评价信息用途，选取易获取、易量化、能客观反映实际的指标进行分析，达到评价的目标，提高评价方法的可操作性。

（二）工业化进程指标体系

本书主要借鉴陈佳贵的《中国地区工业化进程的综合评价和特征分析》有关工业化进程指标体系的评价方法，考虑到指标代表性、易获取性和可操作性，采用制造业就业人数占工业就业人数比重表示工业结构，替代了陈佳贵文章中用制造业增加值占总商品增加值比重表示工业结构的算法。同时，考虑到当前信息化与工业化融合发展现状，增加了信息化水平指数。其中，经济水平用人均 GDP 表示，产业结构用三次产业结构指数表示，工业结构用制造业就业人数占工业就业人数比重表示，空间结构用常住人口城镇化率表示，信息化水平则用人均移动电话用户数表示。并参考钱纳里等（1989）① 的工业化划分方法，将工业化过程分为工业化初期、中期和后期，再结合相关理论研究和国际经验估计确定了工业化不同阶段的标志值。通过以上分析，构建以下工业化进程指标评价体系，如表 2－3 所示。

表 2－3　工业化进程评价指标体系

目标层	准则层	指标层	指向性
工业化进程综合测评	经济水平	人均 GDP（美元/人）	+
	产业结构	产业结构指数（无纲量）	+
	工业结构	制造业就业人数占工业就业人数比重（%）（以下简称制造业就业比）	+
	空间结构	常住人口城镇化率（%）	+
	信息化水平	人均移动电话用户数（户）	+

其中人均 GDP 由当年人均 GDP 按照美元汇率价进行折算。产业结构指数 = 第一产业占比 ×1 + 第二产业占比 ×2 + 第三产业占比 ×3。工业城镇单位就业人员包括制造业城镇单位就业人员，采矿业城镇单位就业人员，电力、燃气及水的生产和供应业城镇单位就业人员，工业结构按照制造业城镇单位就业人员占工业城镇单位就业人员比重进行计算。空间结构采用常住城镇人口数/常住总人口数计算。信息化采用人均移动电话用户数计算。

基于这一评价指标体系，需进一步依靠各个指标阈值，确定工业化实现阶段，在评价中参考钱纳里、陈佳贵阈值确定方法，并考虑到物价上涨指数的影响，按照工业化不同阶段将其阈值确定如表 2－4 所示。

① ［美］霍利斯·钱纳里，谢尔曼·鲁宾逊，摩西·塞尔奎因．工业化和经济增长的比较研究［M］．吴奇等译．上海：格致出版社，2015.

表 2-4 工业化不同阶段的阈值

基本指标	前工业化阶段（1）	工业化实现阶段			后工业化阶段（5）
		工业化初期（2）	工业化中期（3）	工业化后期（4）	
人均 GDP（经济水平）	（1）1964 年美元 100～200 200～400 400～800 800～1500 1500 以上 （2）2000 年美元 660～1320 1320～2640 2640～5280 5280～9910 9910 以上 （3）2008 年美元 826～1651 1651～3303 3303～6605 6605～12396 12396 以上 （4）2012 年美元 916～1832 1832～3664 3664～7327 7327～13751 13751 以上 （5）2018 年美元 1051～1983 1983～3965 3965～7931 7931～14884 14884 以上				
产业结构指数（产业结构）	2 以下	2～2.2	2.2～2.4	2.4～2.5	2.5 以上
制造业就业人员占工业就业人员比重（工业结构）	30% 以下	30%～50%	50%～70%	70%～90%	90% 以上
人口城市化率（空间结构）	30% 以下	30%～50%	50%～60%	60%～75%	75% 以上
信息化水平（人均移动电话用户数，户）	0 以下	0～0.3	0.3～0.7	0.7～1	1 以上

资料来源：基于钱纳里等（1989，pp. 91－98）、库兹涅茨（1999，pp. 347－360）、科迪等（1990，pp. 17－18）、陈佳贵（2006，pp. 5－6）等的美元折算标准，通过参考陈佳贵 1964 年、2000 年人均 GDP 美元折算结果，并考虑居民消费价格指数及美元兑人民币汇率变动等因素影响，综合估算，进而确定了 2008 年、2012 年、2016 年人均 GDP 美元折算标准。产业结构指数在计算上借鉴不同学者算法，即产业结构指数＝第一产业占比×1＋第二产业占比×2＋第三产业占比×3。制造业就业人员占工业就业人员比重在确定上，按照工业包括采矿业，制造业，电力、煤气及水的生产和供应业等门类，确定一个地区制造业发展水平。

按照上述工业化阶段划分方法和工业化水平指标体系及相应门阈值确定方法，本书选用指标含义明确、整体解释能力较强的加法合成法来确定一个地区工业化进程综合指数：

$$K = \sum_{i=1}^{n} \lambda_i W_i \Big\backslash \sum_{i=1}^{n} W_i$$

其中，K 为国家或者地区工业化水平的综合评价值；λ_i 为单个指标的评价值，n 为评价指标的个数；W_i 为各评价指标的权重——由层次分析法生成，再用多元统计方法中的主成分分析法对结果进行检验，具体的研究路径如下所示：第一，收集数据，即收集评价指标体系中各指标的具体数值，并对其进行整理、统一口径；第二，对选定的指标进行指标同向性和无量纲处理，得出各指标的评价值；第三，用层次分析法、结合相关咨询专家意见，确定各个指标的权重；第四，用加权合成法对各指标的评价值进行最后计算，得出我国 31 个省市区和广西 14 个地级市的工业化进程综合评价指数，并分别对 31 个省市区和广西 14 个地级市的工业化综合评价指数进行排序分析。

（三）工业化进程测评方法

为了准确反映工业化各个阶段的特征，本书选择阶段阈值法进行指标的无量纲化，阶段阈值法的公式为：

$$\begin{cases}\lambda_{ik}=(j_{ik}-1)\times33+(X_{ik}-\min_{kj})(\max_{kj}-\min_{kj}),\ (j_{ik}=2、3、4)\\ \lambda_{ik}=0,\ (j_{ik}=1)\\ \lambda_{ik}=100,\ (j_{ik}=5)\end{cases}$$

式中，i 为第 i 个地区，k 为第 k 个指标，λ_{ik}为 i 地区 k 指标的测评值，j_{ik}为该地区 k 指标所处的阶段（1～5），j_{ik}的取值区间为 1、2、3、4、5，如果 $j_{ik}=5$，则 $\lambda_{ik}=100$（即 i 地区的 k 指标已经达到后工业化阶段的标准），如果 $j_{ik}=1$，则 $\lambda_{ik}=0$（即 i 地区的 k 指标还处于前工业化阶段），X_{ik}为 i 地区的 k 指标的实际值，$\max_{kj}$为 k 指标在 j 阶段的最大参考值，$\min_{kj}$为 k 指标在 j 阶段的最小参考值，$\lambda_{ik}\in[0,100]$。

阶段性阈值法的具体实施过程如下所示：

（1）首先确定某一地区某一指标所处的工业化阶段；

（2）如果该指标实际值处于第 1 阶段，则最后得分为 0（从该指标来看，该地区还未进入工业化阶段）；

（3）如果该指标实际值处于第 5 阶段，则最后得分为 100（从该指标来看，该地区已进入后工业化阶段）；

（4）如果该指标处于第 2、3、4 阶段，则最后得分 = 阶段基础值（分别为 0、33、66）+（实际值 - 该阶段最小临界值）（该阶段最大临界值 - 该阶段最小临界值）；

（5）对该地区所有指标进行 1～4 的处理。

本书采用层次分析法确定地区工业化综合评价指标的权重，参考专家的意见构造出各指标的比较判断矩阵①。

---

① 编者向相关专家发放了 10 份比较判断矩阵表格，表格回收后，有两份不能通过逻辑一致性检验，返回调整。对最终合格的两份表格进行统计，得到指标重要性排序结果：经济发展水平的重要性 > 经济结构的重要性 = 城镇化发展水平的重要性 > 工业内部结构的重要性 > 信息化发展的重要性。编者结合当前信息化发展的趋势，将工业内部结构的重要性 > 信息化发展的重要性调整为工业内部结构的重要性 = 信息化发展的重要性，基于此建立最终工业化进程阶段矩阵，该矩阵和权重得到专家的一致认同。

表 2－5 工业化各指标重要性判断矩阵

指标	人均 GDP	产业结构指数	制造业就业人数占比	人口城市化率	信息化水平
人均 GDP	1	2	3	2	4
产业结构指数	1/2	1	2	1	3
制造业就业人数占比	1/3	1/2	1	2	2
人口城市化率	1/2	1	1/2	1	3
信息化水平	1/4	1/3	1/2	1/3	1

通过对这些判断矩阵的逻辑性检验，并进一步咨询相关专家意见，各个指标权重确定如表 2－6 所示，通过该表可知，五项指标在衡量一个地区工业化水平的重要性顺序为：经济发展水平的重要性 > 经济结构的重要性 = 城镇化发展水平的重要性 > 工业内部结构的重要性 = 信息化发展的重要性。

表 2－6 地区工业化指标的权重

指标	人均 GDP	产业结构指数	制造业就业人数占工业就业人数比重	人口城市化率	信息化水平
权重（%）	30	20	15	20	15

计算出来得分后，按照陈佳贵（2006）的方法，将得分综合指数为 0 表示前工业化阶段，综合指数值大于 0 小于 33 表示工业化初期，综合指数值为大于等于 33、小于 66 表示工业化中期，综合指数值为大于等于 66 小于等于 99 表示工业化后期，综合指数值为大于等于 100 表示后工业化阶段。并将综合指数值未超过该阶段的中间值表示前半阶段，综合指数值超过该阶段的中间值表示后半阶段。

第三章　广西工业化进程评价：发展回顾和横向对比

一、广西工业化发展历程回顾

中华人民共和国成立以后，根据不同阶段的发展基础和发展特征，广西工业发展历程可分为五个阶段。

1. 第一阶段：起步积累阶段（1950～1978 年）

中华人民共和国成立初期，广西通过没收官僚资本主义、扶持私营工业、发展公私合营工业，解放了生产力，工业生产得到迅速发展。1950 年，全广西工业总产值 2.2 亿元，人均 11.74 元。1952 年全广西工业总产值比 1950 年增长 63.4%，平均每年增长 27.8%。第一个五年计划期间，在逐步实现国家工业化路线的指导下，国家逐步增加工业投资，广西建成了贵县、伶俐、明阳、田阳等一批糖厂，新建了一批小型企业，促进了生产的发展。1957 年，全广西工业总产值比 1952 年增长 1.34 倍，比 1950 年增长 2.93 倍，平均每年分别以 18.6% 和 21.1% 的速度递增。1958 年 3 月，区党委召开地、市书记会议，发出大办工业的口号，提出“县县办工业、乡乡有工业”，6 月，自治区制定《1958～1962 年广西工业发展 20 条纲要》，从而掀起了大办工业的高潮，柳州、南宁、桂林、梧州 4 大城市均兴建了工业区，先后建成了柳州钢铁厂、柳州水泥厂、柳州机械厂、柳州造纸厂、南宁铝厂、南宁麻纺厂、南宁橡胶厂、西津水电站厂、桂平糖厂等企业。与此同时，从 1956 年至 1969 年由上海内迁广西的橡胶厂、钢精厂、衬衣厂、罐头厂、糖果厂、皮鞋厂、制药厂等 26 个工厂纷纷投产，成为广西工业行业的骨干企业。广西工业获得了高速增长。

"文化大革命"时期，工业生产受到干扰和破坏，许多工厂处于停工、半停工状态。但是，广西各族人民和广大干部抵制"左"的干扰破坏，在逆境中坚持生产建设，继续执行"以钢为纲"的方针，组织钢铁、煤炭、电力、小化肥和农业机械"大会战"，建成了一批骨干企业，如宁绢纺厂、宜山玻璃钢厂、柳江造纸厂等，扩大了生产能力，加上"三五""四五"时期开工建设的项目逐步建成投入生产，才使得工业生产保持了一定的发展速度。据不完全统计，到1978年，广西工业投资近百亿元，在工业几乎是空白的条件下，建立了轻工、纺织、电力、煤炭、钢铁、有色金属、机械、电子、化工、石油、森工等一大批工矿企业，生产能力大为增加，加强了广西的现代工业基础。

2. 第二阶段：改革开放的探索阶段（1978～1992年）

从1978年到1992年，这一时期是中国改革开放的探索时期。1978年党的十一届三中全会以后，广西壮族自治区党委、自治区人民政府总结经验，分析区情，制定了工业发展的12条政策，广西工业进入了新的发展阶段。1992年，邓小平"南方谈话"，指明了社会主义的本质和社会主义改革开放的目的等，解放了人们的思想，在同年召开的党的十四大上确立了社会主义市场经济体制作为改革的目标，改革进入了快车道。在这个改革开放的探索时期，广西工业发展步入快车道，总量快速增加。1978年，广西工业增加值仅23.39亿元，到1992年为161.44亿元，比1978年增加138.05亿元。1978年至1986年用了8年时间工业增加值达58.41亿元，比改革开放初期的1978年工业增加值翻了一番。1990年工业增加值突破100亿元，达105亿元。特别是进入90年代，工业发展势头更加强劲。用了3年（到1993年）突破200亿元，达273亿元。

3. 第三阶段：市场经济改革创新阶段（1992～2002年）

从1992年到2002年，改革的目标日益清晰，社会主义市场经济体制初步建立。面对经济高速发展与社会发展相对滞后的局面，社会建设进入从小康到和谐的新阶段。这一时期，社会体制改革渗透到各个方面，在优先发展经济的基础上促进社会全面进步，提出了正确处理改革、发展与稳定的关系。这一时期是一个市场化转轨的年代，也是社会建设积极探索、取得显著发展的时期。20世纪90年代，工业发展势头更加强劲。用了3年（到1993年）突破200亿元，达273亿元，1996年突破500亿元，4年后第二次翻番，达219亿元。7年后第三次翻番，2003年达446亿元。

4. 第四阶段：工业经济发展的黄金十年（2002～2012年）

2002年到2012年的10年间，我国个体、私营经济快速发展，成为推动我国经济增长的重要力量。10年间，全国个体工商户年均增长率稳定在4.4%，私营企业年均增长率达到15.5%。广西工业得到加快发展，2004年工业增加值突破1000亿元，2006年突破1500亿元，2007年突破2000亿元。从500亿元到1000亿元，用了8年；从1000亿元到1500亿元，用了2年；从1500亿元到2000亿元，仅用了1年。

“十一五”时期（2006~2010年），广西工业迅速成长，规模总量连续实现两个跨域，总量超过3000亿元，占地区生产总值的比重首次突破40%。2006~2010年，全区工业增加值年均增长19.5%，增速明显高于前期，比同期全国工业年均增速快7.6个百分点，比同期全区生产总值年均增速快5.5个百分点，2010年工业对全区经济增长的贡献率达到54.6%，以工业为主的第二产业成为经济增长的最重要力量。工业规模迅速壮大，2007年，全区工业增加值突破2000亿元，达到2098.73亿元；2010年，突破3000亿元，达到3885.20亿元。工业化进程加快，工业增加值占生产总值比重由“十五”期末的31.7%提高到“十一五”期末的40.5%，工业增加值与第一产业增加值之比提升到2.32，工业主导地位基本形成。

“十一五”期末，全区规模以上工业实现销售收入9059.8亿元，比“十五”期末增长2.66倍，年均增长29.6%，比“十五”时期年均增长20.1%，提高9.5个百分点。重点产业作用突出，14个重点工业产业销售收入合计为8860.34亿元，比“十五”期末增长2.65倍，年均增长29.6%，对规模以上工业贡献率达97.3%。2012年是“十二五”规划承上启下的关键一年，在自治区党委和政府的领导下，全区各地各部门坚决贯彻落实国家的各项经济政策，继续以科学发展观为主题，以加快转变经济发展方式为主线，按照稳中求进的工作总基调，积极采取了一系列有效应对措施，努力克服了国内外经济环境不佳，市场需求不旺，生产成本走高，以及产业结构调整压力进一步加大等实际困难，全年全区工业经济实现了生产平稳较快增长。到2012年，全区规模以上工业（以下简称工业）增加值比2011年增长15.9%，增速比全国平均水平高5.9个百分点，位居全国第7位。全部工业增加值对全区GDP增长的贡献率达52.1%，拉动GDP增长5.9个百分点。

5. 第五阶段：转型升级阶段（2012年至今）

2012年以来，广西以加快转变经济发展方式为主线，坚持产业优先发展，着力打造“14+10”新型产业体系，努力做大做强做优工业，经济总量不断扩大，产业结构持续优化，发展质量显著提升，综合实力明显增强，走出了一条广西特色新型工业化道路，开创了工业和信息化发展新局面。

一是工业经济综合实力稳步提升。2013~2018年，全区全部工业总产值年均增长11.5%，规模以上工业总产值年均增长11.4%，规模以上增加值年均增长8.5%，工业化率为2.63%，占GDP比重达30.9%，拉动广西经济总量稳居全国前18位，跻身西部前“四强”。2018年，广西全部工业增加值6288.72亿元，比上年增长4.7%，增速在全国排第23位。在规模以上工业中，分经济类型看，国有控股企业增加值增长5.8%，股份制企业增长5.6%，外商及港澳台商投资企业增长4.8%，其他经济类型企业下降1.9%。分门类看，采矿业下降14.0%，制造业增长4.3%，电力热力燃气及水生产和供应业增长16.3%。

二是产业结构调整扎实推进。近年来，广西着力打造“14+10”现代产业体系，全面推进糖、铝、机械、冶金等传统产业“二次创业”，成立自治区新兴产业办，设立新兴产业融资担保基金，组建广西工业投资公司，不断培育壮大新兴产业，推动产业结构持续优化，规模和实力不断提升。2018年，全年全区规模以上工业中，农副食品加工业增加值比上年增长15.8%，木材加工和木竹藤棕草制品业增长19.6%，专用设备制造业增长18.9%，计算机通信和其他电子设备制造业增长21.7%，电气机械及器材制造业增长2.7%，汽车制造业下降6.8%，有色金属冶炼及压延加工业增长14.6%，黑色金属冶炼及压延加工业增长5.2%，电力热力生产和供应业增长16.9%。经过多年的发展，广西已初步形成门类比较齐全的工业体系，涵盖41个大类、201个中类、581个小类，和全国的工业门类基本一致。2018年，食品、冶金、汽车、机械、石油化工、电子信息制造业、建材、造纸与木材加工、有色金属、电力10个产业主营业务收入超千亿元。

三是经济效益稳步提升。2013~2018年，全区规模以上工业企业利润由874亿元提升至1100.1亿元，年均增长13.6%。其中，2018年同比增长1.9%。分经济类型看，国有控股企业利润407.6亿元，比上年增长11.0%；股份制企业773.5亿元，增长1.2%；外商及港澳台商投资企业268.6亿元，增长12.7%。分门类看，采矿业利润49.9亿元，比上年增长0.2%；制造业965.2亿元，增长0.1%；电力、热力、燃气及水生产和供应业85.1亿元，增长29.3%。小微企业创新活跃度明显提升，2018年广西1274家规下企业有效样本中，有213家开展了创新活动，占比16.7%，较2017年提高3个百分点；成功实现创新的企业占15.9%，较2017年提高2.8个百分点。

四是产业集聚发展明显增强。“双核驱动、三区统筹”的工业发展格局进一步完善，园区工业总产值突破2万亿元，工业园区由103个增加到118个，工业集中区实现县（区）全覆盖。千亿元园区从无到有，柳州高新技术产业开发区、南宁高新技术产业开发区工业总产值相继突破千亿元。超500亿元园区达到8

个，超千亿元园区有4个。

五是企业竞争力不断提升。2013～2018年，亿元工业企业由2407家增加到3516家以上。50亿元以上企业55家，500亿元以上企业8家，千亿元以上企业2家，上汽通用五菱等6家企业入围“2018中国企业500强”榜单。中小微企业在壮大县域经济、促进社会就业等方面发挥越来越大的作用，成为推动广西脱贫攻坚的重要力量。

二、广西工业化进程的阶段判断

（一）工业化阶段的评价分析

准确把握广西工业化发展水平、界定发展阶段是广西推进经济转型升级和实现高质量发展的重要依据，只有深入系统了解自身发展实情，才能有针对性地对工业化进行研究。本部分从历史维度纵向判定广西工业化所处的发展阶段。

1. 工业发展阶段分析

工业化水平标志着一个国家或地区三次产业结构以及工业结构的转换程度，是反映地区经济发展程度的关键性指标。对工业化水平的测定一般是选取特定的指标加以实证分析，并与工业化进程的一般衡量指标相对照，判断地区工业化程度①。本书利用三次产业结构、霍夫曼比例、人均国民收入水平、就业结构、工业净产值比重等指标对广西工业化阶段进行分析，综合比较确定当前广西所处的工业化阶段。

（1）三次产业结构水平显示广西处于工业化中期的前半阶段。

产业结构的演变与工业化发展阶段相适应，并呈现出一定规律性变化，主要有如下阶段：前工业化时期、工业化中期、工业化后期和后工业化时期四个阶段。不同阶段对应工业的不同时期，各个阶段产业结构的构成特征，如表3－1所示。

① 万兴伟．广西工业结构优化升级研究［M］．桂林：广西大学出版社，2008.

表 3-1 工业化不同阶段的指标值

基本指标	前工业化阶段（1）	工业化实现阶段			后工业化阶段（5）
		工业化初期（2）	工业化中期（3）	工业化后期（4）	
三次产业结构	A>I	A>20%，且 A<I	A<20%，I>S	A<10%，I>S	A<20%，I<S

注：A 代表第一产业，I 代表第二产业，S 代表第三产业。

资料来源：陈佳贵，黄群慧，钟宏武等．中国工业化进程报告［M］．北京：中国社会科学出版社，2007.

基于以上的评价指标，选取 2008 年、2012 年、2018 年[①]的广西统计数据，从三次产业产值结构来看，广西的第一产业产值占比处于 15%～21%，高于 10%；第二产业产值占比处于 43%～49%，占据国民经济的主导地位，比重高于第三产业的 35%。对照表 3-2 的相关指标，可以得出一个基本判断，即广西目前处于工业化中期的前半阶段。

表 3-2 2008 年、2012 年、2018 年广西产业结构比例

年份 \ 指标	产业结构占 GDP 的比重（%）		
	第一产业	第二产业	第三产业
2008	20.71	43.27	36.03
2012	16.67	48.6	34.73
2018	14.8	39.7	45.5

资料来源：《广西统计年鉴》（2008～2019 年）。

（2）按照工业内部结构判断，广西工业化处于中级向高级的过渡阶段。

工业内部结构的演进过程具有规律性，其中轻重工业比重关系是整个工业经济结构中最基本的比例关系。对工业内部结构的变化，德国经济学家霍夫曼提出了“霍夫曼定理”，如表 3-3 所示。本书研究采用的计算方法是霍夫曼比例＝轻工业总产值/重工业总产值，以此作为进一步判断广西工业化发展阶段的参考依据。

---

① 之所以选择 2008 年和 2012 年作为两个重要节点年，除了时间序列考虑之外，还考虑到 2008 年是国际金融危机后，国家实施 4 万亿投资刺激经济计划的重要节点年，2012 年是 4 万亿投资计划收官年和党的十八大召开的年份。

表 3－3 霍夫曼工业化阶段指标

特征 工业化阶段	霍夫曼比例	一般特征
第一阶段	5（±1）	（1）消费资料工业发展迅速，在制造业中占有统治地位。 （2）资本资料工业则不发达，在制造业中所占比重较小，其净产值平均为资本品工业净产值的 5 倍
第二阶段	2.5（±1）	（1）资本资料工业发展较快，消费资料工业虽也有所发展，但速度减缓。 （2）而资本资料工业的规模仍远不及消费资料工业的规模，但前者的产值仍是 2.5 倍于后者的净产值
第三阶段	1（±1）	消费资料工业与资本资料工业在规模上大致相当
第四阶段	1 以下	资本资料工业在制造业中的比重超过消费资料工业并继续上升

注：整个工业化过程就是资本资料工业在制造业中所占比重不断上升的过程，后者的净产值将大于前者，随着工业品的提质升级，其比率是逐步下降的。

资料来源：邓伟根．产业经济学研究［M］．北京：经济管理出版社，2001.

从表 3－3 可以看到，霍夫曼比例越小，工业化水平越高，随着工业化程度的提高，加工程度高的产业份额比例将增大。即在工业化早期，工业结构以轻工业为主，加工程度较低，随着工业化的发展，加工程度高的重化工业和机械加工业将迅速发展，在总产出中的份额随之提高。按照霍夫曼比例的测定法，广西 2001～2018 年的霍夫曼比例如表 3－4 所示。

表 3－4 广西霍夫曼工业化阶段

结构 年份	轻工业总产值（亿元）	重工业总产值（亿元）	霍夫曼比例	所处阶段
2001	9123.53	990.78	0.92	第三阶段
2002	9760.65	1060.49	0.92	第三阶段
2003	1081.53	1272.71	0.85	第三阶段
2004	1307.37	1845.67	0.71	第三阶段
2005	1461.05	2223.02	0.66	第三阶段
2006	1800.85	2885.62	0.62	第三阶段
2007	2207.54	3895.32	0.57	第四阶段
2008	2772.52	5029.44	0.55	第四阶段
2009	3071.15	5628.80	0.55	第四阶段
2010	3857.83	7813.96	0.49	第四阶段

续表

结构 年份	轻工业总产值（亿元）	重工业总产值（亿元）	霍夫曼比例	所处阶段
2011	4964. 50	10127. 38	0. 49	第四阶段
2012	5395. 91	11808. 71	0. 46	第四阶段
2013	5837. 56	13596. 99	0. 43	第四阶段
2014	6343. 78	15386. 52	0. 41	第四阶段
2015	6711. 34	16664. 23	0. 40	第四阶段
2016	6773. 55	17750. 79	0. 38	第四阶段
2017	7372. 09	197766. 34	0. 37	第四阶段
2018	—	—	约 0. 33	第四阶段

资料来源：《广西统计年鉴》（2011～2018 年），因《2019 年广西统计年鉴》未公布轻重工业比例，2018 年的霍夫曼比例为估算值。

如表 3－4 所示，2001～2018 年广西工业化霍夫曼比例不断下降，从 2001 年的 0. 92 下降到 2006 年的 0. 62，广西当时处于工业化第三阶段，工业化程度不断深化。自 2007 年以来，广西工业化的霍夫曼比例迅速下降到约 0. 33，重工业迅速成为广西经济发展的主导力量，广西北部湾经济区开发建设以及重工业优先发展战略的实施在其中起到了关键作用，因此广西的重化工业并没有经历以轻工业为中心的自然发展阶段，而是以非常规跨越模式跳跃了以轻工业为主的发展阶段，是一种典型的以重工业超前增长为特点的工业化模式。2010～2018 年，广西工业化的霍夫曼比例基本稳定在 0. 5 以下的水平，从而可以认为广西当前的霍夫曼工业化水平处于第四阶段。

工业结构高级化是指工业结构由以原材料加工为主导向以加工、组装工业为主导的演变过程。随着工业化进程的推进，工业结构逐步沿着“重工业化”“高加工度化”“高技术化”的轨迹演进。以主导产业群细分一般经历五个发展阶段，如表 3－5 所示。

表 3－5 工业结构高级化顺序

产业 阶段	主导产业部门	主导产业群
第一阶段	棉纺工业	纺织工业、采煤工业、造船工业、早期制造业和交通运输业

续表

阶段 \ 产业	主导产业部门	主导产业群
第二阶段	钢铁工业、铁路修建业	钢铁工业、采煤工业、造船工业、纺织工业、机器制造、钢铁动力业、轮船运输业及其他工业
第三阶段	电力、汽车、化工、钢铁工业	电力工业、电器工具、机械制造业、化学工业、汽车工业以及第二个主导产业群各产业
第四阶段	汽车、石油、钢铁、耐用消费品工业	耐用消费品工业、宇航工业、合成材料工业以及第三个主导产业群各产业
第五阶段	信息产业	新材料、新资源、生物工程等新兴产业，以及第四个主导产业群各产业

资料来源：周振华．工业结构优化论［M］．上海：上海人民出版社，1992.

对照表 3－5 中对各阶段主导产业的具体描述，结合广西当前的产业体系现状，已形成食品、石化、汽车、电子信息、冶金、机械、有色金属、电力、建材、造纸与木材加工 10 个千亿元产业，由此大致可以判断广西的工业化程度处于工业结构高级化的第三阶段，并且在向第四阶段推进的过程中，考虑到当前广西在大力发展新材料、新能源、新一代信息技术和生物医药等战略性新兴产业，因此，向第五阶段的直接跨越在广西是可能存在的，但这其中消费品工业发展滞后的问题，值得广西高度关注。

（3）人均 GDP 表明广西处于工业化的后期阶段。

钱纳里标准模式是国内外学者最常用的工业化划分标准。经济发展阶段划分为前工业化、工业化实现和后工业化三个阶段，其中工业化实现阶段又分为初期、中期、后期三个时期。为了方便对比，中国学者换算出以 2005 年为基准的美元购买力平价指标。2018 年，广西人均地区生产总值为 42964 元（按常住人口计算），约合 6046.48 美元（全年人民币平均汇率为 1 美元兑 6.6174 元人民币）。因此，从人均 GDP 水平来看，当前广西正处于工业化后期的前半阶段。

表 3－6　工业化不同阶段的标志值

基本指标	前工业化阶段（1）	工业化实现阶段			后工业化阶段（5）
		工业化初期（2）	工业化中期（3）	工业化后期（4）	
人均 GDP（PPP，2005 年美元）	745～490	1490～2980	2980～5960	5960～11170	11170 以上

续表

基本指标	前工业化阶段（1）	工业化实现阶段			后工业化阶段（5）
		工业化初期（2）	工业化中期（3）	工业化后期（4）	
广西人均 GDP（2018 年，美元）				6046.48	

资料来源：陈佳贵，黄群慧等．中国工业化进程报告［M］．北京：中国社会科学出版社，2007；2018 年数据根据广西公开统计资料测算得来。

（4）基于就业结构指标衡量，广西工业化仍处于工业化初期，但综合各类因素影响，应处于工业化中期前半阶段。

就业结构是常用于分析工业化水平的重要判断依据。对照表 3－7，可以判断广西当前仍处于工业化初期阶段，主要衡量指标是第一产业就业人员占全部就业人员的比重。具体而言，进入工业化后期的标志是：农业就业人口比重为 10%～30%；而完成工业化进入后工业化阶段的主要标志是：农业就业人口比重小于 10%。考虑到城乡劳动力转移和大量农村剩余劳动力外出务工等因素，第一产业就业人员占全部就业人员的比重应在 40% 左右，据此判断，广西工业化进程应处于工业化中期的前半阶段。

表 3－7　工业化不同阶段的标志值

基本指标	前工业化阶段（1）	工业化实现阶段			后工业化阶段（5）
		工业化初期（2）	工业化中期（3）	工业化后期（4）	
第一产业就业人员占比（就业结构）	60% 以上	45%～60%	30%～45%	10%～30%	10% 以下
2018 年		49.3%			
2017 年		49.8%			
2016 年		50.1%			
2015 年		50.6%			
2014 年		51.9%			
2013 年		53.1%			
2012 年		53.5%			
2011 年		53.3%			
2010 年		54.1%			

续表

基本指标	前工业化阶段（1）	工业化实现阶段			后工业化阶段（5）
		工业化初期（2）	工业化中期（3）	工业化后期（4）	
2005 年		56.2%			
2000 年	61.2%				
1995 年	66.4%				

资料来源：陈佳贵，黄群慧等．中国工业化进程报告［M］．北京：中国社会科学出版社，2007；2018 年数据根据广西公开统计资料测算得来。

纵观 1995 ~ 2018 年广西的就业结构变化趋势，可以清楚地看到 2000 年以前，广西的第一产业从业人员占比高于 60%，处在前工业化阶段。自 2005 年后，这一比例下降至 50% ~ 60% 的区间，显示广西进入到工业化初期的阶段。2010 年以来，农业就业人口比重继续下降，至 2018 年，这一比重为 49.3%，说明农业就业人口在广西全部就业人口中的比重刚刚小于一半，单就这一衡量指标来看，广西仍然处于工业化的初期阶段。但考虑到大量务工人员向城市的流动以及相关统计机制不完善的因素，有 5 ~ 10 个百分点的就业人口被忽视，综合来看，从就业结构指标衡量，广西当前应处于工业化中期阶段，但向工业化后期迈进的难度较大，这取决于城市及城镇第二、第三产业发展以及第一产业现代化水平的提升步伐。

2. 工业化的总体评价

（1）工业化发展阶段的综合研判。

衡量一个国家或地区的工业化水平或发展阶段有多种理论和指标，不同的学者由于依据的理论和标准不同往往会得出不一致的结论。本书参照国内外经济学界和国际组织普遍采用的工业化发展阶段划分方法，选取了最具代表性的 4 项指标（三次产业结构、霍夫曼比例、人均 GDP 收入水平、就业结构）用于衡量和分析广西工业化水平。综合各项指标反映的结果来看，广西工业化总体上已经迈入中期阶段，并处于中期阶段的后半阶段，工业化进程进入快速发展阶段。随着工业化进程的不断推进，广西经济发展的驱动因素将从主要依靠资本投入转向主要依靠技术进步，如表 3 – 8 所示。

表 3 – 8　工业化不同阶段的开发内容、驱动因素、主导产业等特征

特征 阶段	开发内容	驱动因素	主导产业	贡献来源顺序变更	增长理论
工业化前期	对自然资源的开发	资源大量投入	农业	劳动力、自然资源	马尔萨斯陷阱

续表

阶段＼特征	开发内容	驱动因素	主导产业	贡献来源顺序变更	增长理论
工业化初期	机器工业开始代替手工劳动	劳动力大量投入	纺织工业	劳动力、资本、规模经济	古典增长理论
工业化中期	中间产品增加和生产迂回程度提高	资本积累	重化工业	资本、规模经济、技术进步、劳动力	哈罗德·多马增长理论
工业化后期	生产效率提高	技术进步	加工制造	技术进步、资本、规模经济、劳动力	索洛的新古典外生增长理论
后工业化时期	学习和创新	新的知识	高新技术产业和服务业	知识进步、人力资本、技术进步	罗默和卢卡斯的内生新增长理论

资料来源：根据相关资料综合整理。

由以上分析可知，在工业化初期，技术改造主要表现为机器设备的普及，以设备代替人工，进而提高劳动生产效率。在工业化中期，技术改造主要是强化资本积累作用，形成规模经济，表现为“铺摊子上规模”。在工业化后期，注重技术进步，技术改造不再仅仅强调规模，而更加注重效率的提高，采用先进技术，优化提升传统产业。后工业化时期，技术改造注重创新，更加注重高新技术产业和现代服务业发展，知识经济成为整个经济体系中的主导力量。

（2）广西工业化的综合分析。

本部分对广西工业化进程进行梳理分析，明确了不同阶段的发展特征和面临的挑战，进而总结广西工业化进程中需要注意的问题，并进一步明确广西工业化进程的方向和重点。

首先，广西要大力发展现代工业尤其是要加快工业高质量发展。一方面，要坚持走新型工业化道路，要加强工业化“补课”，加速传统产业的结构调整和转型升级。注重对市场需求的把握，最大限度实施供给侧结构性改革，尽快做强做优现代工业。另一方面，把握国家大力扶持战略性新兴产业、加快产业转型升级的重大机遇，从本地特色资源和优势产业出发，实施一批重大创新工程项目，尽快培育起有竞争力或比较优势的新的经济增长点。在这一过程中，要加大对发达地区产业发展先进经验的学习，消化吸收先进经验，并有效运用于产业的培育发展，努力实现工业高质量发展，进而提高工业化进程的总体质量水平。

其次，必须着力增强产业创新发展能力。要精准高效学习发达地区科技引领产业发展的成功经验，要把促进技术创新与推动产业升级紧密结合起来，加速技术创新成果向现实生产力转化。充分发挥企业和人才作为创新主体的作用，切实提高产业创新能力，力争在关键共性技术、基础工艺及重大装备等方面取得突破，进而提升产业发展的基础能力。

最后，要立足广西产业发展实际，充分挖掘资源优势，发展新能源产业或高效载能和高效资源型产业。一是结合资源状况，稳妥发展水火电，学习借鉴先进地区新能源产业发展经验，加快发展清洁高效能源，推进传统能源清洁利用，为工业转型升级和高质量工业化发展提供绿色支撑。二是学习清洁能源发展模式，推进能源多元清洁发展，转变能源生产和利用方式，优化能源结构，着力突破经济发展的瓶颈性制约，是广西实现经济转型跨越发展的关键。三是要转变对资源型产业的传统认识，要重点从强龙头、聚集群、补链条的角度统筹推进资源型产业发展，尤其注重依托资源优势、生态优势加快引进和培育消费品工业龙头企业，从三产融合的角度加快延伸消费品工业产业链条。

当前，广西正处于由工业化中期努力迈向工业化后期的关键时期，必须把20世纪80年代之前工业化发展的“欠账”和产业发展的“缺课”补齐，才能在未来10年跨越“中等收入陷阱”。同时，工业化进程的提升将与城镇化建设相互促进，而城市发展不可避免地会出现各种“大城市”“大都市”病等，要规避这些问题就要深入了解城市发展过程中可能会出现的问题，学习发达城市的经验做法，降低广西发展中的“试错成本”，但关键是要把握好工业化进程中的工业主导作用的提升与发挥。

（二）工业化发展的主要成效

结合前文论述中关于广西处在工业化中期阶段的论证，可以看出广西工业化整体进程较全国平均水平明显偏慢。采用阶段阈值法对广西整体工业化进行综合测评，测评结果显示2018年广西工业化处在中期后半阶段（60.92），其中2008～2012年，广西工业化实现大的跨越发展，工业化综合指数由2008年的28.6增长到2012年的44.6。但根据全国综合指标比较来看，广西工业化各项指标测评结果在全国仍处于较低，工业化进程比全国工业化平均进程慢了“两步”、比发达地区工业化进程慢了“两大步”。

综合来看，近年来广西工业化进程推进步伐加快，整体工业化进程发展速度，尤其在2008～2012年，广西经济社会取得突破性发展，主要表现在以下方面。

表 3-9　广西工业化进程各项指标测评

地区＼年份	2008		2012		2018	
	指标数值	工业化分项指数	指标数值	工业化分项指数	指标数值	工业化分项指数
广西人均 GDP	2110	9.2	4428	39.9	6046	50.32
广西产业结构指数	2.15	25.3	2.19	30.9	2.38	63.36
广西制造业就业比	80.75	84.3	82.62	87.5	80.14	83.23
广西人口城镇化	38.16	13.5	43.53	22.3	50.22	33.74
广西人均移动电话用户数	0.34	36.1	0.62	59.1	1.02	100
广西综合指标	/	28.6	/	44.6	/	60.92
全国综合指标	/	46.6	/	62.3	/	85.25

注：人均 GDP 单位为美元/人，产业结构指数（无纲量），制造业就业比单位为%，人口城镇化率单位为%，人均移动电话用户数单位为部/人。

1. 经济发展实现较大增长

自 2008 年以来，广西经济实现平稳较快发展，全区 GDP 总量增长规模不断扩大，GDP 增长速度虽有收缩，但仍保持了 7.3% 以上的年均增长，尤其是在金融危机后，部分资源型省份经济进入塌陷期，各类经济要素增长持续乏力，广西经济总体上表现出持续稳定发展态势，取得的经济发展成绩仍在预期内。但必须注意的是，从 2018 年各省 GDP 总量排名上看，广西排全国第 19 位，仍处在后 15 名之列，新的经济增长点亟待挖掘，经济发展新旧动力转化任务极其紧迫。就广西 2008～2018 年 GDP 总量在全国的排名来看，广西经济总量在这 9 年内变化不大，2008 年的全国排第 19 名，2012 年全国排第 18 名，到 2018 年全国排第 19 名。其中，广西 GDP 总量于 2011 年达到 11721 亿元，跻身万亿“俱乐部”，之后仅用了 3 年时间，于 2014 年突破 15000 亿元，对广西来说，这样的规模突破是跨越性、历史性的。与广东、山东、江苏、浙江等发达省份相比，广西 2018 年 GDP 总量不足广东、江苏的 1/4，不足山东的 1/3，不足浙江的 1/2。与云南、贵州等西南民族地区相比，2008～2018 年，云南 GDP 整体增长 15188.51 亿元，贵州 GDP 整体增长 11791.65 亿元，广西 GDP 整体增长 12606.81 亿元，广西经济无论规模总量还是增长幅度均低于云南省，仍处在全国各省份中游水平，经济规模和经济效益均有待进一步扩充和提升。

从经济发展速度来看，广西从 2008 年到 2018 年间，经济增长速度总体较快。其中增速最快的年份为 2010 年，该年广西 GDP 增速为 14.2%，处在全国第

12 位；增速最慢的年份为 2018 年，该年广西 GDP 增速为 6.8%，处在全国第 18 位。2008 ~2018 年，经济增速排名最前的年份为 2009 年，增速为 13.9%，排名居全国第 5 位。广西经济增速变动幅度较大，年增速在 7.3% ~14.2%，且有 6 年在 10%以上。全国排名在第 23 位至第 5 位，且有 6 年全国排名在前 17 名以内，结合广西经济总量排名情况，广西经济增速排名情况较经济总量排名乐观，这意味着相较于全国各省平均水平来看，广西经济在 9 年内取得了较快发展。需要注意的是，自 2011 年起贵州、云南等周边经济持续保持高速增长态势，尤其是贵州，在经济增速连续 6 年居于全国前 4 位。同时，福建、天津等东部发达省市近年来经济增长势头良好，广西经济发展新动能的培育、新经济增长点的发掘刻不容缓。

2. 产业结构升级态势明显

近年来，广西持续推动经济结构优化调整，先后出台了《广西壮族自治区人民政府关于加快转变发展方式推动产业结构优化升级的意见》（桂政发〔2009〕105 号）、《广西壮族自治区人民政府办公厅关于我区金融支持经济结构调整和转型升级的意见》（桂政办发〔2013〕115 号）、《关于推动工业高质量发展的决定》（桂发〔2018〕11 号）、《广西推进市县主导产业合理布局及管理意见》等相关政策文件，实施力度不断加强，经济结构调整成效逐步显现。当前广西以构建技术含量高、创新能力强、就业容量大、环境友好、协作紧密的现代产业新体系、新结构为目标，着力建设现代农业、现代工业、现代服务业，持续推动三次产业融合发展。重点打造现代有机农业、现代制造、现代旅游发展，不断推动三次产业向中高端水平发展，其中，2018 年广西产业结构指数由 2008 年的 2.15、指标得分为 25.3，增长到 2018 年的 2.35，指标得分为 63.36。2018 年，广西三次产业结构进一步优化，三次产业占 GDP 比重分别为 15.4%、34.1%和 50.5%，与 2012 年相比，第三产业比重提高了 2.6 个百分点，为 2004 年以来的最高水平。

表 3-10　广西三次产业主要子产业、发展方向及成效

三次产业	主要子产业	发展方向	发展成效
第一产业	特色种植业、养殖业	推动农业与第二、第三产业融合发展，强化林浆纸一体化、糖业二次创业，加快延伸农业产业链，提升农产品附加值。力争打造实施一批特色种植业、养殖业、光伏发电、特色农产品加工、乡村旅游等项目。加快推动现代高标准农田建设，加强农田水利基础设施建设，提升农业现代化水平	到 2017 年，建成自治区级示范区 100 个以上，县级 200 个以上，乡级 300 个以上

续表

三次产业	主要子产业	发展方向	发展成效
第二产业	先进制造业、先导产业	将做大做强高技术产业作为第二产业发展的主导方向，着力打造一批轨道交通装备、海洋工程装备及高技术船舶、高端数控机床与机器人、农机装备、通用航空、石化、冶金、有色金属、电子信息、修造船、装备制造、林浆纸一体化等先进制造业基地。重点打造卫星导航、石墨烯、增材制造等先导产业，抢占产业发展制高点	工业产业布局逐步优化，以龙头企业为引领的现代制造业新集群加快建成
第三产业	现代服务业	以提质发展生产性、生活性服务业为方向，持续扩大服务业开放合作，积极打造现代服务业集聚区，推动集聚区互动发展。立足交通枢纽、重点产业园区、历史文化街区、智力密集区、中心城区、边境合作区等区域，加快建设一批现代服务业集聚区，提高服务业集聚程度，培育发展现代物流、新型特色专业市场、科技服务、金融商务、健康养老、文化创意、软件与信息、旅游休闲、教育培训等现代服务业	2017 年，广西服务业增加值增长 9.2%，对 GDP 的贡献率达 49.8%，近 15 年来首次超过第二产业，成为拉动经济增长的第一动力

3. 工业内部结构得到优化

近年来，广西积极响应国家政策导向，深入推动供给侧结构性改革，加快淘汰落后产能，从而推动产业结构升级。同时，广西先后出台了《广西壮族自治区人民政府办公厅关于印发广西煤炭产业结构调整方案的通知》（桂政办发〔2014〕41 号）、《广西壮族自治区人民政府办公厅关于印发广西推进建材工业稳增长调结构增效益工作方案的通知》（桂政办发〔2016〕184 号）、《广西壮族自治区人民政府办公厅关于印发广西推进有色金属工业调结构促转型增效益实施方案的通知》（桂政办发〔2016〕151 号）等，从政策层面支持工业内部结构优化升级。加快推动供给侧结构性改革，加快淘汰钢铁、铁合金、铅冶炼、钒冶炼、水泥、皮革加工、平板玻璃、造纸、酒精等行业的落后产能和过剩产能，推动传统产业工业结构改善，实施糖、铝、机械、冶金等“二次创业”，推动冶金、石化、建材、有色金属等转型升级行动，严格取缔不符合国家产业政策的小型造纸、制革、印染、染料、电镀等严重污染环境的工业项目，加快推动传统产业降耗减排、绿色发展，成功实现了广西南南铝、中信大锰等企业升级发展。加快推动新能源产业发展，促进产业结构优化升级，加快传统产业向中高端发展，增强传统产业比重，增强传统工业对工业增长的贡献率，淘汰落后产能。同时，广西将制造业作为新旧动能转换的重点方向，加快发展现代制造业，持续做大实体经济，不断提升“广西制造”品牌，推动制造业与互联网融合发展，加快构建结构优化、附加值高的现代制造产业体系，不断提升工业发展后劲。

工业企业结构得到优化。积极改善工业企业结构，把结构优化升级作为内在追求，自主实施体制创新、技术创新、管理创新、产品创新和企业信息化，实施名牌战略，提升企业整体素质和竞争力。通过扶优扶强发展一批、资本联合重组一批、技术改造提升一批、关闭破产淘汰退出一批，使得广西工业企业整体质量得到提升。加快实施体制创新、技术创新、管理创新、产品创新和企业信息化，成功培育、引进一批具有国际知名度和竞争力的大企业、集团，着力培育企业品牌，实现了龙头企业实力的不断壮大。到 2018 年，广西亿元以上工业企业突破 3000 家，500 亿元以上企业 5 家，百亿元以上企业 26 家，6 家企业入围“2017 中国企业 500 强”榜单，数量位居西部第 5 位。同时，广西加快发展一批技术水平高的中小企业，支持科技型、成长型企业发展，突出产业“专、精、特、新”发展方向。严格关闭、淘汰一批资源枯竭、工艺设备落后、污染严重、质量低劣的工业企业①。

4. 城镇发展水平得到提升

近年来，广西大力实施新型城镇化发展战略，重点深入推动新型城镇化建设工作，加快推动农业转移人口市民化，全区人口城镇化率不断提升，强化城镇体制机制改革，加快破除体制机制障碍，制定了全区新型城镇化推进重点工作方案，不断提升城乡规划建设管理水平，切实增强城镇吸引力。重点推动南宁、柳州、桂林、梧州四大中心城市，推动中小城市和特色小镇建设，推动形成大中小协调发展的城镇群。加快推动多层次的新型城镇化试点工程，推动改革创新，实现全区城镇化发展水平和质量的提升。到 2018 年，广西常住人口城镇化率达到 50.22%。同时，广西加快推动海绵城市建设，推动南宁、柳州、桂林等城市水生态修复、公园绿地等重点项目建设。继续加快老城区、棚户区改造，推动交通一卡通应用。加快特色小镇培育建设，重点打造一批特色鲜明、民俗文化传承、生态优美的历史文化古镇、传统优势产业、新兴产业等主题小镇。人口城镇化率由 2008 年的 38.16%（指标得分 13.5）增长到 2018 年的 50.22%（指标得分 33.7）。但总体来看，广西人口城镇化率处在全国下游水平，与东部发达地区仍有较大差距。

---

① 根据自治区工商局运用大数据的测算结果，2018 年上半年存续企业达到 71.9 万户，活跃度指数为 67.3%，随着淘汰落后产能政策的深入实施，以电力、煤炭、钢铁、水泥、有色金属等行业为重点的企业数量增长明显大幅放缓，如钢铁所在的金属冶炼和压延加工业，两年来只增加了 19 户企业，连续两年增速维持在 2%，远低于全区企业数量的增长水平。资料来源：自治区工商局，2018 年 8 月。

表 3－11 2017 年广西各市主导产业、重要项目和重点园区建设情况

各市	主导产业	重点项目
南宁	电子信息、先进装备制造、生物医药三大重点产业	建设广西文化艺术中心、五象新区总部基地地下空间工程，总部基地金融街部分项目，推进南宁教育园区项目、地下综合管廊试点建设。加快建设南宁·中关村双创示范基地、富士康千亿元产业园、南南铝加工、海王保健品产业园、中车轨道交通装备基地等
柳州	汽车、钢铁、机械三大支柱产业	重点建设智能制造产业园、柳东新区国家产城融合示范区等
桂林	电子信息、旅游	桂林万达文化旅游城、桂林北综合客运枢纽、两江国际机场 T2 航站楼、桂林高等教育集中区（基础设施）、强化漓江综合治理项目等
梧州	电子信息、新材料	强化再生资源、再生不锈钢制品产业“补链”等
北海	电子信息、石油化工、临港新材料、造纸	延伸石化、新材料等产业链，加快集群化、园区化步伐，推动骨干企业升级改造，着力挖潜扩能。积极发展港口物流、离岸金融业务，扶持健康、养老、旅游等产业，打造国家全域旅游示范区等品牌
防城港	钢铁、核电、装备制造、新能源	开工建设一批港口码头项目，加快高新区建设，打造创新型产业集群
钦州	石化、修造船、新能源汽车、海洋工程	加快推进芳烃烯烃等一批项目建设，启动钦州港三墩循环经济示范岛建设。延伸修造船、新能源汽车零部件等产业链，拓展风电设备、海洋工程、无人机发动机等产业
贵港	新能源汽车、电子信息和生物制药	打造广西第二个汽车（新能源）生产基地、中国—东盟新能源电动车生产基地、电子信息产业基地和生物制药基地
玉林	机械、节能环保、新材料	推动 10 万吨轻质碳酸钙、中滔纺织服装加工等项目竣工投产，抓好 12 个重大旅游项目和 10 个重大商贸物流项目。推进玉林民用机场、玉湛高速公路等项目建设，开工建设玉林至荔浦、北流清湾至南宁苏圩、博白松旺至铁山港东岸三条高速公路和玉林至梧州、玉林至北海城际铁路。加快推进玉柴发电机起动机生产线、中国南药园、龙云水资源配置工程等重大项目建设
百色	有色金属、水利水电	推进煤电铝一体化和区域电网二期工程，启动电子商务产业园区、云计算产业园区建设，推进百色国家农业高新技术产业开发区创建和百东新区产城融合示范区建设
贺州	碳酸钙、新型建筑材料和生态健康	创建广西装配式建筑示范市、国家级装配式建筑生产基地，着力发展旅游文化养生产业，培育壮大贺州“长寿·养生经济”，扶持特色休闲旅游农产品深加工
河池	碳酸钙、旅游、核桃、有色金属	推进南方公司 3 万吨锡冶炼、鑫锋公司废旧电池回收、嘉联丝绸园、恒业公司印染项目，建设市级以上示范区 11 个、县乡两级示范区 48 个，加快赐福湖小镇项目建设

续表

各市	主导产业	重点项目
来宾	碳酸钙、制糖、建材	推进银海铝二期，加快铝轮毂项目落地，延长制糖产业链，打造碳酸钙百亿元产业，打造现代农机装备产业园。加快一批汽配项目落地
崇左	有色金属、制糖、新能源	实施糖、锰等传统优势产业“二次创业”，加快培育发展铜、铝、稀土、动力电池等新材料、新能源产业

5. 两化融合水平稳步提升

广西重点推动制造业与互联网融合，着力提升两化深度融合管理体系贯标、制造业与互联网融合发展新模式等，制订并实施了《广西深化制造业与互联网融合发展实施方案》，积极推动工业互联网及产业智能化变革、大数据与人工智能等产业发展。信息技术的广泛应用正在加速广西新技术、新产业、新业态、新模式的形成。把推进县域工业园区两化融合工作作为企业创新的突破点，把推进贯标工作作为提升企业竞争力的着力点，把提高两化融合水平作为企业发展的支撑点，推动柳工股份、玉柴机器、上汽通用五菱等企业两化融合水平提升。其中信息化代表指数人均电话用户数，由 2008 年的 0.34 部/人（指标得分 36.1）增长到 2018 年的 1.02 部/人（指标得分 100）。

三、全国工业化进程指标评价及结果分析

结合当前全国各地新型工业化发展状况，并立足前文新型工业化指标测评结果，进行综合判断来看，目前，全国工业化进程已进入工业化后期前半阶段，整体工业化进程速度加快。就广西情况来看，广西工业化整体处在工业化中期后半阶段，正在努力向工业化后期过渡，但与全国及其他省份工业化推进步伐相比，广西工业化进程整体偏慢，工业化发展进程亟待提升。

（一）全国各地工业化进程指标评价

本部分根据第二章确定的工业化进程指标测评方法，按照指标数据系统全面、可得易操作等选取原则，考虑到 2008 年美国金融危机之后，全球经济增长速度放缓，世界经济发展形势呈现新的特征，选取 2008 年作为工业化进程测评

的起始年，将2018年作为终止年，为细化研究节点，以党的十八大为节点，选取2012年作为测评分节点。选择这3年进行测评，得出3年全国各地工业化进程综合指数和阶段判定结果，以更好地对各地工业化进程进行动态反映和横纵向对比。通过比较发现，2018年全国处在工业化后期前半阶段，综合指数为85.3；广西处在工业化中期后半阶段，综合指数为60.9；全国唯一完成工业化，进入后工业化阶段的是上海市，综合指数为100；工业化综合指数高于90的省份依次为北京、浙江、天津、广东、江苏，共五省市；全国各地区均跨越工业化初期阶段，即各个省份综合指数均高于33；工业化进程低于49.5且高于33，处在工业化中期前半阶段，即工业化进程最慢的省份仅有西藏一个。

1. 2018年全国工业化进程评价指标原始数据分析

结合前文构建的工业化进程评价体系，对各项指标数据按年份进行分类整理，其中仅就2018年全国工业化进程指标评价原始数据来看，国内各地工业化评价各项指标如表3－12所示。

表3－12　2018年全国各地工业化相关指标原始数据

地区	人均GDP	产业结构指数	制造业就业比	人口城镇化率	信息化水平
北京	23135.22	2.83	84.80	86.49	1.86
天津	12959.32	2.61	87.29	83.14	1.06
河北	6514.34	2.40	73.27	56.43	1.08
山西	6499.53	2.46	37.31	58.42	1.07
内蒙古	9637.02	2.39	54.15	62.71	1.20
辽宁	8140.96	2.44	74.69	68.09	1.12
吉林	6273.76	2.43	74.36	57.54	1.11
黑龙江	5134.49	2.26	48.81	60.11	1.02
上海	22477.71	2.71	97.55	88.12	1.54
江苏	17518.97	2.46	96.01	69.61	1.22
浙江	15385.65	2.50	95.82	68.90	1.45
安徽	8172.09	2.43	82.64	54.70	0.88
福建	14891.35	2.39	94.33	65.82	1.16
江西	7406.69	2.39	89.76	56.02	0.87
山东	10045.03	2.44	83.83	61.18	1.05
河南	7875.30	2.39	79.90	51.71	0.97
湖北	10745.76	2.41	87.71	60.30	0.94

续表

地区	人均 GDP	产业结构指数	制造业就业比	人口城镇化率	信息化水平
湖南	7980.32	2.45	82.51	56.02	0.91
广东	13416.30	2.51	96.70	70.70	1.48
广西	6046.48	2.35	80.14	50.22	1.02
海南	7979.12	2.38	73.35	59.10	1.16
重庆	10563.21	2.46	88.67	65.51	1.18
四川	7790.98	2.42	78.01	52.30	1.09
贵州	6462.81	2.36	60.61	47.53	1.09
云南	6553.33	2.41	74.16	47.81	0.96
西藏	6872.19	2.46	33.33	31.10	0.91
陕西	9398.71	2.38	66.64	58.13	1.21
甘肃	4653.94	2.43	58.79	47.71	1.04
青海	6911.93	2.41	62.43	54.39	1.14
宁夏	7744.43	2.42	52.27	58.87	1.28
新疆	7850.52	2.37	57.26	50.90	1.09
全国	9974.61	2.46	84.21	67.27	1.12

注：人均 GDP 单位为美元/人，产业结构指数（无纲量），制造业就业比单位为%，人口城镇化率单位为%，人均移动电话用户数单位为部/人。

其中，人均 GDP 前十位依次为北京、上海、江苏、浙江、福建、广东、天津、湖北、重庆、山东。人均 GDP 最高的北京达到 23135.22 美元/人，其次为上海达到 22477.71 美元/人，再次为江苏达到 17518.97 美元/人。这三个省市人均 GDP 均突破 17000 美元/人，其中北京、上海两市更是突破 20000 美元/人；而排名第十的山东，人均 GDP 仅达到 10045.3 美元/人。前十位中仅有湖北和重庆属于中西部省份，其余均属于东部发达地区。而就后五位来看，依次（倒数）为甘肃、黑龙江、广西、吉林和贵州，其中人均 GDP 最低的甘肃仅为 4653.94 美元/人，其余四省区 2018 年人均 GDP 均突破 5000 美元/人，五省份中除山西、黑龙江位于中部和东北地区外，其余均属于西部地区。

产业结构指数前十位的依次为北京、上海、天津、广东、浙江、山西、江苏、重庆、西藏、湖南。产业结构指数最高的北京市产业结构指数为 2.83，其次的上海市产业结构指数为 2.71，再次的天津市产业结构指数为 2.61。其余省份均低于 2.6，各省在产业结构指数差距明显，且大多数省份（26 个）产业结构指数处在 2.3 ~2.5。前十位的省份中，位于中西部的省份仅有山西、西藏、重庆。

值得注意的是，山西、西藏经济发展层次并不高，但其产业结构指数较高，其中山西近些年随着供给侧结构性改革的实施，淘汰落后、低效产能的步伐加快，传统的以煤炭等矿产资源开发为主的工业体系难以为继，中小煤炭企业被关停，全省煤炭产业重新实现资源化整合，第二产业产值占比“断崖式”下降；西藏则由于地形条件、气候因素、政策导向等众多原因，整体经济发展层次较低，工业发展偏慢，旅游业在全国范围内具有较大影响。低于2.3的省份仅有黑龙江省1个，为2.26。广西在产业结构指数处在全国倒数第二位，产业结构升级步伐较为缓慢，产业结构指数仅为2.35。就目前来看，广西第一产业占比较高，第二、第三产业发展不充分，服务业壮大发展、农业升级优化、工业提质增效步伐均有待加快。

制造业就业人员占工业就业人员比重全国前十位的依次为上海、广东、江苏、浙江、福建、江西、重庆、湖北、天津、北京。其中占比最高的是上海市，达到97.55%，紧随其后的是广东、江苏，制造业就业人员占工业就业人员比重均超过96%。前十位中只有江西、重庆、湖北位于中西部地区，这些省份制造业较为发达。后五位省份依次（倒数）为西藏、山西、黑龙江、宁夏、内蒙古，分别达到33.33%、37.31%、48.81%、52.27%、54.15%。

人口城镇化率全国前十位的依次为上海、北京、天津、广东、江苏、浙江、辽宁、福建、重庆、内蒙古，其中上海市最高，达到88.12%；其次为北京市，达到86.49%；再次为天津市，达到83.14%。省份中人口城镇化率最高的为广东省，达到70.7%。总体上看，直辖市城镇化发展水平较高，城镇基础配套、产业配套、功能配套能力较强，产城融合发展水平较高。而人口城镇化率最低的省份，依次（倒数）为西藏、贵州、甘肃、云南和广西，分别为31.1%、47.53%、47.71%、47.81%和50.22%。其中西藏人口城镇化率单项指标处在前工业化阶段，广西人口城镇化率则在全国处在倒数第五位。

信息化水平（人均移动电话用户数）前十位的依次为北京、上海、广东、浙江、宁夏、江苏、陕西、内蒙古、重庆、福建，这十个省份人均电话用户数均超过1部/人。其中，北京最高，达到1.86部/人；上海、广东的人均电话用户数达到1.40部/人。可见北京作为首都，在信息资源掌握上占有绝对优势，2018年，北京的固定电话普及率同样居全国第一。同时，据工信部统计数据显示，2018年，我国互联网普及率最高的地区是北京市，达到75%，北京在信息资源掌握和运用上在全国居于领先地位。但就全国整体来看，绝大多数省（区、市）人均一定电话用户数在1部/人以上，而人均移动电话用户数后五位的依次为江西、安徽、西藏、湖南、湖北，江西最低，仅为0.87部/人。在信息化时代，人均移动电话用户数是体现一个地区信息化发展水平的重要指标，就2018年数据来看，广西人均移动电话用户数在全国处在倒数第八位，该指标的落后不仅会影响广西整体信息资源和信息要素的接收程度，进而影响广西对外信息交流的广度和深度。因此，广西应着力提升信息化发展水平，加快布局5G基站，尽快实现4G网络全覆盖，推动广西与全国、全球实现更充分的信息互通。

2. 2008年、2012年、2018年全国工业化进程综合测评

根据全国工业化进程测评结果，分别对2008年、2012年、2018年全国及各地工业化实现程度进行指标测评，具体分析如下所示。

2008年综合测评：全国工业化进程处在工业中期前半阶段，各省（区、市）工业化进程分散在工业化前期、中期和后期三个阶段，并呈现出不规则的橄榄形结构，大部分省份处在工业化中期阶段，其次为工业化前期阶段，迈入工业化后期阶段的省份最少，国内工业化进程处在快速推进阶段。

根据2008年全国工业化进程测评结果和阶段判定，2008年，全国整体处在工业化中期前半阶段，工业化进程综合指数为46.59。就各省（区、市）工业化进程来看，按照工业化阶段划分，全国尚有江西、四川、新疆、广西等十个省份处在工业化初期后半阶段。上海工业化程度最高，综合指数为93.08，处在工业化后期后半阶段；其次为北京，综合指数达到92.94；再次为天津，综合指数达到81.83。2008年，各地普遍处于工业化由初期向中期迈进的关键阶段，其他工业化进程综合指数处在全国前十位的省份依次为广东、浙江、江苏、辽宁、福建、山东、内蒙古等省区，这些地区除内蒙古外，全部位于东部发达地区，但从综合指标上看，除上海、北京、天津、广东、浙江达到工业化后期阶段外，其他省份均处在工业化初期、中期阶段，工业化发展仍有待加速和升级。前十位省份工业化进程综合指数均超越全国平均水平，而其他省份均低于全国平均水平。工业化进程综合指数后五位的依次（倒数）为西藏、贵州、云南、安徽、甘肃，工业化进程综合指数分别为23.83、24.98、25.60、25.66、25.77，工业化进程均处在工业化初期后半阶段，工业化发展步伐较为缓慢。

2012年综合测评：全国工业化进程处在工业中期向后期迈进的关键阶段，各省（区、市）工业化进程分散在工业化中期和后期两个阶段，并呈现出平缓的金字塔结构，多数省份处在工业化中期阶段，少数发达省份迈入工业化后期阶段，与2008年测评结果相比，国内工业化进程加速，工业高速度、高增长发展态势明显。

根据2012年全国工业化进程测评结果和阶段判定，2012年，全国整体处在工业化中期后半阶段向工业化后期迈进的关键时期，工业化进程综合指数为62.27。

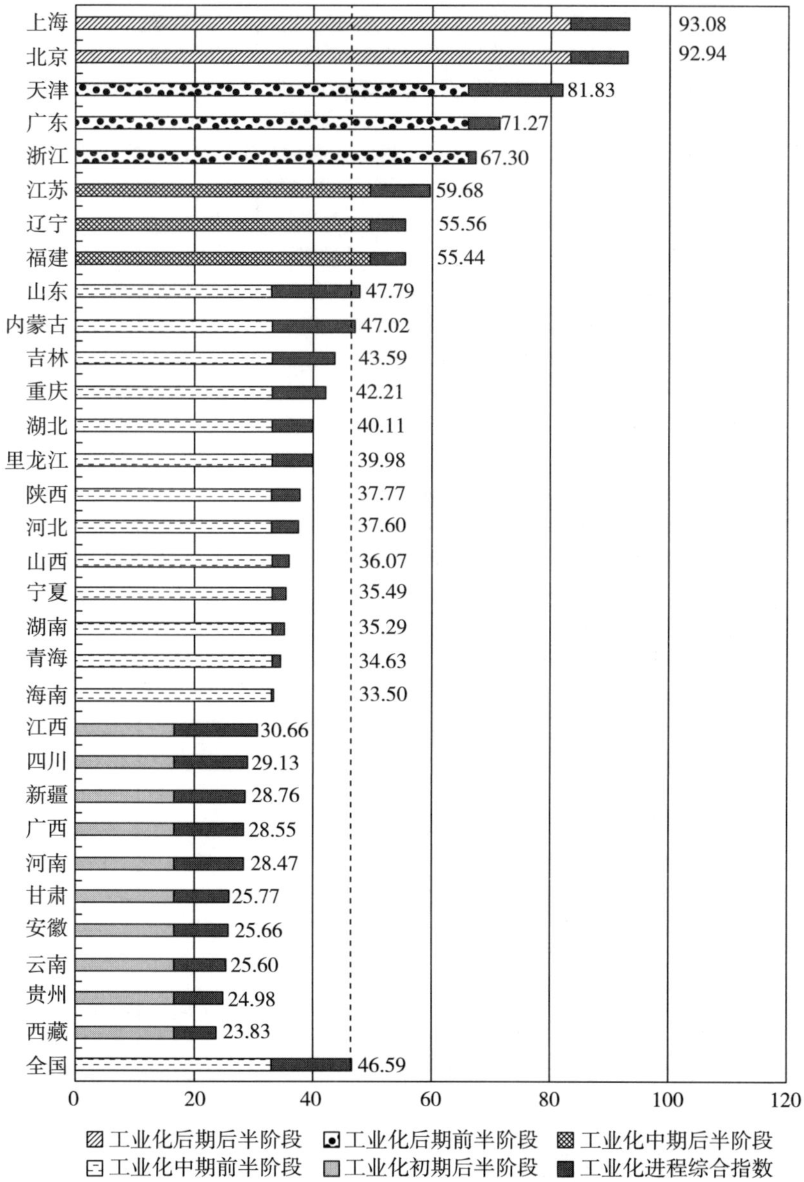

图 3－1 2008 年全国各地区工业化进程：指数与阶段

就各地工业化进程来看，按照工业化阶段划分，各地工业化进程均达到工业化中期以上阶段。其中，上海工业化程度最高，综合指数为 99. 64；其次为北京，综合指数达到 99. 29；再次为天津，综合指数达到 95. 99，基本完成工业化进程。其

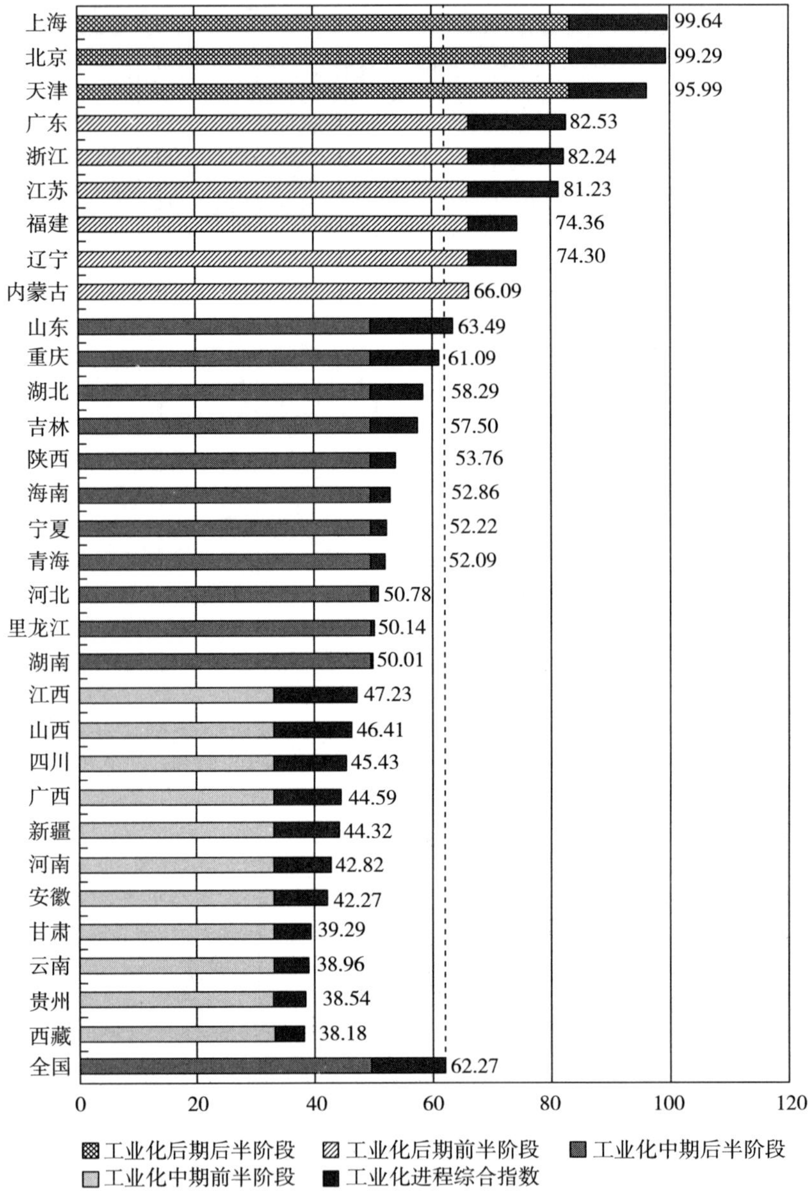

图 3－2　2012 年全国各地区工业化进程：指数与阶段

他工业化进程综合指数处在全国前十位的依次为广东、浙江、江苏、福建、辽宁、内蒙古、山东等省区，这些省区除内蒙古外，均位于东部发达地区，上海、北京、天津在工业化进程中领先于其他省份。前十位省份工业化进程综合指数均超越全国平均水平，而其他省份均低于全国平均水平。工业化进程综合指数后五位的依次（倒数）为西藏、贵州、云南、甘肃、安徽，工业化进程综合指数分别为38.18、38.54、38.96、39.29、42.27，工业化进程均进入工业化中期阶段，后五位省区均位于中西部地区。其中处在工业化中期阶段的省份最多，说明2012年是我国很多省份快速工业化的节点年，各地工业化进程加快推进，工业项目投资、建设规模较高，各地工业化进程速度明显较快。

2018年综合测评：全国工业化进程处在工业后期前半阶段，各省（区、市）工业化进程分散在工业化中期、后期和后工业化三个阶段，并呈现出更加显著的金字塔结构，多数省份仍处在工业化中期阶段，迈入工业化后期阶段的省份数量增多，其中上海成功进入后工业化阶段，与2008年、2012年测评结果相比，国内工业化进程逐渐放缓，并向高质量、高水平工业化方向逐步演进。

根据2018年全国工业化进程测评结果和阶段判定，2018年，全国整体处在工业化后期前半阶段，工业化进程综合指数为85.25。就各省份工业化进程来看，按照工业化阶段划分，各地工业化进程均达到工业化中期以上阶段。其中，上海工业化程度最高，综合指数为100，已完成工业化进程，进入后工业化阶段；其次为北京，综合指数达到98.67，基本完成工业化进程；再次为浙江，综合指数达到97.24，基本完成工业化进程。其他工业化进程综合指数处在全国前十位的依次为天津、广东、江苏、福建、重庆、山东、湖北等省市，这些省份除重庆、湖北外，其余的均位于东部发达地区。但从综合指标上看，这些省市与上海、北京、天津仍有不少差距，工业化发展仍有待加速和升级。在前十位省份中，除山东和湖北外，其他省市工业化进程综合指数均超越全国平均水平。工业化进程综合指数后五位的依次（倒数）为西藏、黑龙江、甘肃、贵州、新疆等，工业化进程综合指数分别为48.92、54.22、54.88、56.39、60.83，工业化进程均进入工业化中期阶段，与2008年、2012年比，各地工业化进程和发展进一步加快。

综上所述，通过对比2008年、2012年、2018年全国各地工业化进程综合指数及所处工业化阶段可知，2008～2018年，全国平均工业化成功从工业化中期前半阶段跨越到工业化后期前半阶段，实现两次大的飞跃①。值得注意的是上海、北京、天津三个直辖市工业化进程一直处在全国领先地位，且上海市均已进入后工业化。三次评价中均处在后五位的省份是西藏、贵州、甘肃三省区，这三

① 综合指数之所以能在短时间内实现比较大的跨越，一方面来自这10年来的经济社会发展，另一方面由于指标评价体系在设计上选用了人均电话用户数这一指标，在这10年里，移动电话日益普遍，逐渐成为人们日常生活中所必备的工具，尤其是智能手机的出现和普及，标志着我国信息化进入一个新的发展时代，信息设备、信息技术、信息工具的更新和普及也为工业化发展和两化深度融合奠定了坚实基础。

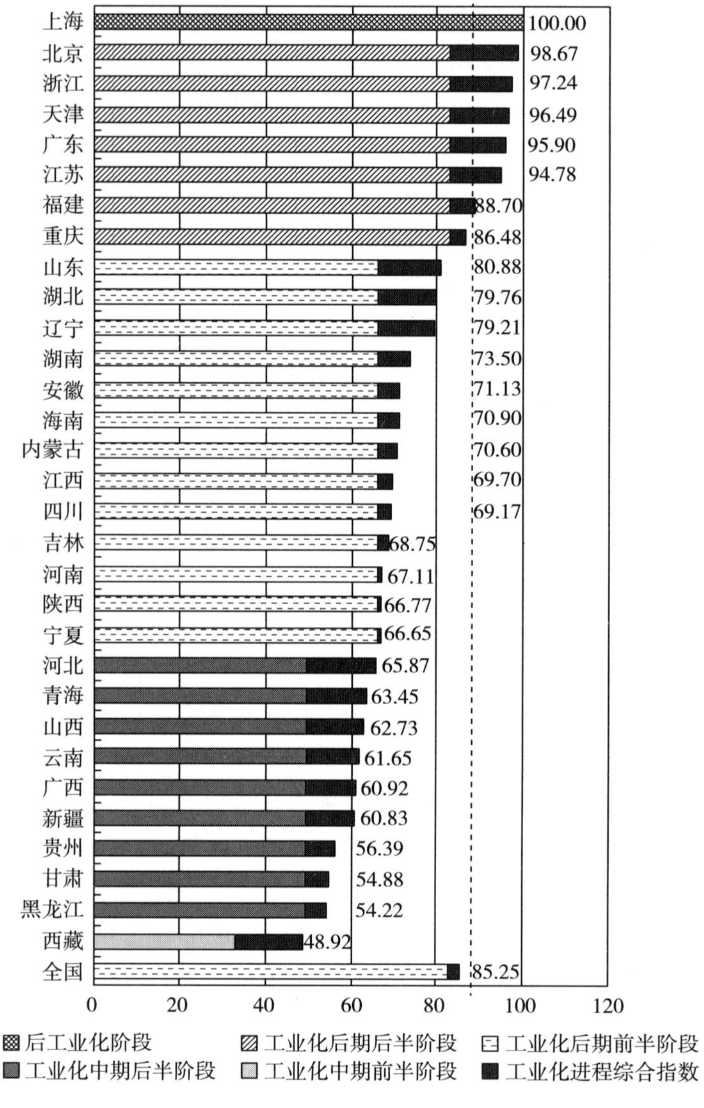

图 3－3　2018 年全国各地区工业化进程：指数与阶段

省区均位于西部地区，且多为老少边穷贫困地区，工业化起步较晚。虽然近年来贵州大数据等新兴产业加快发展，但受经济社会发展起步较低，在全国工业化进程中仍处在末位。值得注意的是内蒙古作为西部省区，在 2008 年、2012 年两次评价中均处在前十位，这主要因为内蒙古资源型产业发展较快，整体经济增长速度在此间处在全国前列①，经济的增长是工业化进程的重要标志。值得高度关注的是，广西工业化进程在2008年居全国第25位，2012年提升到第24位，但在2018年下降到第26位。整体来看，工业化前十位的省份变动不大，其中三次评价中入围前十位的省份如表3-13所示。

表3-13 工业化进程综合指数全国前十位省份

序号	2008年	2012年	2018年	备注
1	上海（93.08）	上海（99.64）	上海（100.00）	按照2008年、2012年、2018年全国工业化综合指数计算结果排序来看，3年中入围全国前十位的省份中，入围次数最多的是上海、北京、天津、江苏、广东、浙江、福建、辽宁、山东等9省市各入围3次，其次为内蒙古，达2次，再次为湖北、重庆，为1次
2	北京（92.94）	北京（99.29）	北京（98.67）	
3	天津（81.83）	天津（95.99）	浙江（97.24）	
4	广东（71.27）	广东（82.53）	天津（96.49）	
5	浙江（67.30）	浙江（82.24）	广东（95.90）	
6	江苏（59.68）	江苏（81.23）	江苏（94.78）	
7	辽宁（55.56）	福建（74.36）	福建（88.70）	
8	福建（55.44）	辽宁（74.30）	重庆（86.48）	
9	山东（47.79）	内蒙古（66.09）	山东（80.88）	
10	内蒙古（47.02）	山东（63.49）	湖北（79.76）	

3. 2008年、2018年全国各地区工业化进程分项指数变动情况

基于前文全国各地区工业化进程综合指数评价，本书研究系统梳理了2008年、2012年、2018年工业化进程综合指数变动及工业化阶段判断，并形成了对全国各地区工业化总体进程的有关结论和概述。基于此，本部分重点展开工业化进程各分项指标指数变动情况研究。依照原始数据，同样按照阶段性阈值法，测算出2008年和2018年的各地区人均GDP、产业结构指数、制造业就业占工业比重、人口城镇化率、信息化水平（人均移动电话用户数）等分项指标指数，并判断各地单项指标所处的工业化阶段，并分析其国内排名变动情况，找出各省（区、市）在分项工业化进程指标上的差距。

（1）各地人均GDP指标变动情况。

经济发展水平是一个地区工业化水平的集中体现，而经济发展往往体现在

① 内蒙古2008年、2009年经济增长速度两年均列全国第1位，2010年经济增速列全国第6位，2011年经济增速列全国第5位，2012年经济增速列全国第13位。

GDP 总量的增加上，为了方便比较，应将人口因素充分考虑，通过计算人均 GDP，能够较为全面地反映一个地区经济发展总体情况。

通过对 2008 年和 2018 年各省（区、市）人均 GDP（美元）数据的收集和折算，得出如表 3－14 所示的数据，通过数据研究发现，2008 年各省（区、市）人均 GDP 排名全国前十位的依次为上海、北京、天津、浙江、江苏、广东、内蒙古、山东、辽宁、福建。其中，上海人均 GDP 达到 9637 美元/人，北京人均 GDP 达到 9286 美元/人，天津人均 GDP 达到 8446 美元/人，三市均处在工业化后期阶段。其他大部分省份处在 2000～6000 美元/人，处在工业化初期和中期阶段，共有 25 个省（区、市）。后五位的省份包括安徽、西藏、云南、甘肃、贵州，其中贵州人均 GDP 最低，仅为 1419 美元/人，处在前工业化阶段，而其他四省区该项指标均处在工业化初期前半阶段。

2018 年各省（区、市）人均 GDP 排名全国前十位的依次为北京、上海、江苏、浙江、福建、广东、天津、湖北、重庆、山东。十省（区、市）中仅有湖北和重庆处在中西部地区，其余均处在东部发达地区，整体上与工业化进程综合指数前十位省份一致。其中北京市人均 GDP 达到 23135 美元/人，上海市人均 GDP 达到 22478 美元/人，江苏省人均 GDP 达到 17519 美元/人，上海市已处在工业化后阶段，北京、江苏处在工业化后期。其他大部分省份处在 6000～9000 美元/人，处在工业化中期阶段。后五位的省份包括贵州、吉林、广西、黑龙江、甘肃，甘肃人均 GDP 最低，仅为 4654 美元/人，后五位省区该项指标均处在工业化中期阶段。

通过对表 3－14 两年各省（区、市）人均 GDP 排名及次序变动情况的分析，整体来看，人均 GDP 次序变动不大，排名上升的省份有 15 个，排名下降的省份有 14 个，保持排名不变的省份有 2 个。其中排名上升最大的是安徽和陕西，分别上升 14 位和 8 位；其次为海南和湖南，两省市均上升 7 位。排名下降最大的是黑龙江和吉林，两省 2018 年人均 GDP 全国排名均较 2008 年人均 GDP 下降 17 位；其次为河北，2018 年人均 GDP 全国排名较 2008 年人均 GDP 下降 13 位。通过分析可知，排名上升的省份大都是近年来经济发展比较活跃的地区，排名上升较大的省份分布较为分散，既有海南等东部省份，也有安徽、湖南、陕西等中西部省份，这些省份在推动产业创新发展、培育新的经济增长点方面有众多创新举措。排名下降的省份近年来经济增速出现滑坡情况，主要包括吉林、黑龙江等东北地区。

表 3-14 各地人均 GDP（美元）单项指标所处工业化阶段

地区	2008 年人均 GDP	综合指数	排名	2018 年人均 GDP	综合指数	排名	次序变动
安徽	2080	8.6	27	8172	67.2	13	14
北京	9286	81.7	2	23135	100.0	1	1
福建	4284	42.8	10	14891	100.0	5	5
甘肃	1788	2.7	30	4654	38.7	31	-1
广东	5419	54.2	6	13416	92.8	6	0
广西	2110	9.2	26	6046	50.3	29	-3
贵州	1419	0	31	6463	53.8	27	4
海南	2547	17.9	23	7979	66.2	16	7
河北	3310	33.1	12	6514	54.2	25	-13
河南	2762	22.2	20	7875	65.5	17	3
黑龙江	3130	29.5	13	5134	42.7	30	-17
湖北	2859	24.1	16	10746	79.8	8	8
湖南	2613	19.2	22	7980	66.2	15	7
吉林	3387	33.8	11	6274	52.2	28	-17
江苏	5761	57.6	5	17519	100.0	3	2
江西	2289	12.8	24	7407	61.6	21	3
辽宁	4570	45.7	9	8141	67.0	14	-5
内蒙古	5021	50.2	7	9637	74.3	11	-4
宁夏	2823	23.4	19	7744	64.4	20	-1
青海	2652	20.0	21	6912	57.5	22	-1
山东	4742	47.4	8	10045	76.3	10	-2
山西	3097	28.9	14	6500	54.1	26	-12
陕西	2837	23.7	18	9399	73.2	12	6
上海	9637	83.8	1	22478	100.0	2	-1
四川	2231	11.6	25	7791	65.3	19	6
天津	8446	76.8	3	12959	90.6	7	-4
西藏	1956	6.1	28	6872	57.2	23	5
新疆	2850	24.0	17	7851	65.3	18	-1
云南	1810	3.2	29	6553	54.5	24	5
浙江	5962	59.6	4	15386	100.0	4	0
重庆	2950	26.0	15	10563	78.9	9	6

注：人均 GDP 单位为美元/人。

（2）各地产业结构指数指标变动情况。

产业结构（经济结构）变动是衡量一个地区经济发展水平的重要指标，产业结构中尤其是第二产业占比是反映一个国家或地区工业发展水平的重要指标，若一个国家或地区产业结构比重顺序为“一＞二＞三”，说明该国家或地区可能处在前工业化或工业化前期阶段；若一个国家或地区产业结构比重顺序为“二＞三＞一”，说明该地区正在经历工业化（剔除第二产业中建筑业占比过高的极端情况），极有可能处在工业化中期阶段；若一个国家或地区产业结构比重顺序为“三＞二＞一”，说明该地区已经基本完成了工业化的历史进程，可能处在工业化后期或后工业化阶段。依靠产业结构来判断一个地区工业化进程是比较好的途径，但应该意识到，用比重顺序比较法很难对全国 31 个省（区、市）实现全面衡量和系统比较。因此，本书选用产业结构指数来衡量一个地区产业结构水平，进而评价一个国家或地区工业化程度。

通过对 2008 年和 2018 年的各省（区、市）产业结构指数相关数据的收集和计算，得出如表 3－15 所示的数据。通过数据分析研究发现，2008 年产业结构指数排名全国前十位的依次为北京、上海、天津、西藏、广东、浙江、山西、江苏、贵州、宁夏。其中，北京产业结构指数为 2.74，上海产业结构指数为 2.55，两市均处在工业化后期阶段。其他大部分省份处在 2.0～2.4，处在工业化初期和中期阶段，共有 29 个省（区、市）。后五位的省份包括江西、新疆、广西、海南、河南，该项指标均处在工业化前期后半阶段。其中，河南省产业结构指数最低，仅为 2.14。

2018 年各省（区、市）产业结构指数排名全国前十位的依次为北京、上海、天津、广东、浙江、山西、重庆、江苏、西藏、湖南。十省（区、市）中仅山西、西藏、重庆、湖南处在中西部地区，其余均处在东部发达地区，整体上与工业化进程综合指数前十位省份差别较大，其中原因比较复杂，如山西受近些年产业结构调整的影响，第二产业比重下降明显，第三产业比重上升步伐加快①。而西藏则始终以第三产业发展为主导方向，工业发展水平总体不高②。其中，北京产业结构指数为 2.83，上海产业结构指数为 2.71，天津产业结构指数为 2.61。其他大部分省份处在 2.3～2.5，处在工业化中期阶段。后五位的省份包括陕西、新疆、贵州、广西、黑龙江，黑龙江省产业结构指数最低，仅为 2.26，其中广西、贵州和新疆三省区，该项指标处在工业化中期阶段。

① 2008 年山西三次产业结构为 4.29∶57.99∶37.72，2018 年山西产业结构为 4.64∶44.33∶51.03。

② 2008 年西藏三次产业结构为 15.35∶29.27∶55.38，2012 年西藏产业结构为 11.47∶34.64∶53.89，2018 年西藏产业结构为 8.29∶37.63∶54.08，三次产业在西藏经济结构中占绝对比重。

通过对表 3－15 各省（区、市）产业结构指数排名及次序变动情况的分析，整体来看，产业结构指数次序变动在五项指标中变动最大，排名下降的省份有 17 个，排名上升的省份有 9 个，保持排名不变的省份有 5 个。其中排名下降最大的是贵州，下降 20 位；其次为福建，下降 13 位；再次为陕西，下降 12 位。排名上升最大的是四川，2018 年产业结构指数全国排名较 2008 年产业结构指数上升 10 位；其次为安徽省和湖南省，2018 年产业结构指数全国排名均较 2008 年产业结构指数上升 9 位。通过分析可知，排名上升的省份大都是近年来经济发展速度较快和产业结构调整较为迅速的地区，排名上升较大的省份分布较为分散，但可以看出中西部省份整体排名较东部明显，这一方面来自部分西部省份经济的快速发展及迅速的工业化，另一方面来自西部资源型省份的产业转型和结构调整。排名下降的省份并不代表近年来经济发展速度的下降，下降最明显的四川省近年来产业发展日益彰显活力，已成为西部地区产业培育繁荣发展的标杆省。

表 3－15　各地产业结构指数单项指标所处工业化阶段

地区	2008 年产业结构指数	综合指数	排名	2018 年产业结构指数	综合指数	排名	次序变动
安徽	2.21	33.86	24	2.43	76.4	15	9
北京	2.74	100.00	1	2.83	100.0	1	0
福建	2.29	48.61	11	2.39	64.3	24	－13
甘肃	2.24	40.22	17	2.43	76.4	14	3
广东	2.39	64.34	5	2.51	100.0	4	1
广西	2.15	25.28	29	2.35	57.9	30	－1
贵州	2.31	51.57	9	2.36	59.5	29	－20
海南	2.14	22.77	30	2.38	63.4	26	4
河北	2.20	33.40	25	2.40	65.1	21	4
河南	2.14	22.35	31	2.39	63.7	25	6
黑龙江	2.22	36.05	22	2.26	42.5	31	－9
湖北	2.24	39.13	20	2.41	70.4	18	2
湖南	2.24	39.14	19	2.45	82.1	10	9
吉林	2.23	38.40	21	2.43	77.5	13	8
江苏	2.32	52.13	8	2.46	86.1	8	0
江西	2.19	30.66	27	2.39	64.5	22	5
辽宁	2.29	47.15	12	2.44	80.7	11	1

续表

地区	2008 年产业结构指数	综合指数	排名	2018 年产业结构指数	综合指数	排名	次序变动
内蒙古	2.27	44.75	14	2.39	64.4	23	-9
宁夏	2.30	48.80	10	2.42	71.7	17	-7
青海	2.25	40.55	16	2.41	68.3	20	-4
山东	2.24	39.24	18	2.44	79.1	12	6
山西	2.33	55.17	7	2.46	87.7	6	1
陕西	2.27	43.90	15	2.38	57.3	27	-12
上海	2.55	100.00	2	2.71	100.0	2	0
四川	2.19	30.71	26	2.42	72.6	16	10
天津	2.41	69.87	3	2.61	100.0	3	0
西藏	2.40	66.09	4	2.46	85.7	9	-5
新疆	2.17	28.81	28	2.37	61.4	28	0
云南	2.21	34.73	23	2.41	70.3	19	4
浙江	2.36	59.22	6	2.50	100.0	5	1
重庆	2.27	45.14	13	2.46	87.3	7	6

（3）各地制造业就业占工业就业比重指标变动情况。

制造业是工业当中的重要部门，是工业发展水平的核心产业，研究发现，制造业越发达，工业利润水平、整体发展质量越高，通过制造业就业占工业就业比重来衡量该地区制造业在工业内部所占比重较为科学。

通过对 2008 年和 2018 年各省（区、市）制造业就业占工业就业比重指标数据的收集和折算，得出如表 3－16 所示的数据结果，通过对数据分析发现，2008 年各省（区、市）制造业就业占工业就业比重排名全国前十位的依次为上海、浙江、广东、福建、江苏、北京、天津、湖北、广西、山东。其中，上海制造业就业占工业就业比重达到 96.24%，浙江制造业就业占工业就业比重达到 95.87%，广东制造业就业占工业就业比重达到 94.99%，福建制造业就业占工业就业比重达到 94.00%，江苏制造业就业比重达到 92.13%，五省市均处在后工业化阶段。其他大部分省份处于 50%～90%，处在工业化中期和后期阶段，共有 24 个省（区、市）。后五位的省份包括黑龙江、宁夏、新疆、山西、西藏，其中西藏、山西制造业就业占工业就业比重最低，分别为 45.61% 和 46.09%，处在工业化初期阶段，而其他三省区该指标处在工业化中期前半阶段。

2018 年各省（区、市）制造业就业占工业就业比重排名全国前十位的依次为上海、广东、江苏、浙江、福建、江西、重庆、湖北、天津、北京。十省（区、市）中仅有湖北和重庆处在中西部地区，其余均处在东部发达地区。其中上海制造业就业占工业就业比重达到 97.6%，广东达到 96.70%，江苏达到 96.01%，三省市该指标均处在后工业化阶段。其他大部分省份处在 50% ~90%，处在工业化中期和工业化后期阶段。后五位的省份包括内蒙古、宁夏、黑龙江、山西、西藏，西藏制造业就业占工业就业比重最低，仅为 38.33%，山西制造业就业占工业就业比重为 37.31%。

通过对表 3－16 两年各省（区、市）制造业就业占工业就业比重排名及次序变动情况的分析，整体来看，制造业就业占工业就业比重次序变动不大，排名上升的省份有 8 个，排名下降的省份有 16 个，排名保持不变的省份有 7 个。其中排名下降最大的是广西和甘肃，两省区均下降 5 位；其次为陕西、青海，两省均下降 3 位。排名上升最大的是安徽，该省 2018 年制造业就业占工业就业比重全国排名较 2008 年制造业就业占工业就业比重上升 13 位；其次为河南和重庆，两省市 2018 年制造业就业占工业就业比重全国排名分别较 2008 年上升了 8 位和 6 位。通过分析可知，排名上升的省份大都是近年来工业经济发展，尤其是制造业发展较为迅速，排名上升最大的安徽、河南和重庆均位于西部地区，这表明中国制造业基地有向中部地区转移的趋势。

表 3－16 各地制造业就业占比单项指标所处工业化阶段

地区	2008 年制造业就业占比	综合指数	排名	2018 年制造业就业占比	综合指数	排名	次序变动
安徽	63.27	54.90	25	82.6	87.50	12	13
北京	89.61	99.33	6	84.8	91.16	10	－4
福建	94.00	100.00	4	94.3	100.00	5	－1
甘肃	70.98	67.67	20	58.8	47.51	25	－5
广东	94.99	100.00	3	96.7	100.00	2	1
广西	80.75	84.28	9	80.1	83.23	14	－5
贵州	67.86	62.47	24	60.6	50.50	24	0
海南	72.85	70.85	17	73.3	71.69	20	－3
河北	70.98	67.66	21	73.3	71.56	21	0

续表

地区	2008 年制造业就业占比	综合指数	排名	2018 年制造业就业占比	综合指数	排名	次序变动
河南	68.47	63.47	23	79.9	82.84	15	8
黑龙江	59.01	47.87	27	48.8	31.03	29	-2
湖北	83.37	88.73	8	87.7	96.11	8	0
湖南	78.66	80.72	12	82.5	87.26	13	-1
吉林	68.92	64.22	22	74.4	73.41	18	4
江苏	92.13	100.00	5	96.0	100.00	3	2
江西	78.86	81.06	11	89.8	99.59	6	5
辽宁	74.42	73.52	15	74.7	73.98	17	-2
内蒙古	59.28	48.31	26	54.2	39.85	27	-1
宁夏	54.45	40.34	28	52.3	36.75	28	0
青海	71.17	67.99	19	62.4	53.51	23	-4
山东	80.58	83.99	10	83.8	89.52	11	-1
山西	46.09	26.55	30	37.3	12.06	30	0
陕西	71.55	68.64	18	66.6	60.46	22	-4
上海	96.24	100.00	1	97.6	100.00	1	0
四川	76.25	76.63	14	78.0	79.61	16	-2
天津	87.31	95.42	7	87.3	95.39	9	-2
西藏	45.61	25.76	31	33.3	5.50	31	0
新疆	51.35	35.23	29	57.3	44.98	26	3
云南	74.39	73.46	16	74.2	73.07	19	-3
浙江	95.87	100.00	2	95.8	100.00	4	-2
重庆	78.13	79.82	13	88.7	97.75	7	6

注：制造业就业占工业比重单位为%。

（4）各地人口城镇化率指标变动情况。

城镇化是伴随工业化发展的重要社会变革，工业化与城镇化相辅相成，是一个国家或地区经济社会发展的重要指标，其中以人口城镇化率来衡量一个地区新型工业化水平是比较可靠、比较易得的方法。

通过对 2008 年和 2018 年各省（区、市）人口城镇化率数据的收集和整理，得出如表 3-17 所示的数据。通过数据研究发现，2008 年各省（区、市）人口城镇化率排名全国前十位的依次为上海、北京、天津、广东、辽宁、浙江、黑龙江、江苏、吉林、福建。其中，上海人口城镇化率达到88.60%，北京人口城镇化率达到84.92%，天津人口城镇化率达到77.21%，三市均处在后工业化阶段。其他大部分省份处在30%～50%，处在工业化初期阶段，共有18个省（区、市）。后五位的省包括河南、甘肃、云南、贵州、西藏，其中西藏人口城镇化率最低，仅为21.92%，其次为贵州，达到29.12%，均处在前工业化阶段，而其他三省处在工业化初期前半阶段。

2018年各省（区、市）人口城镇化率排名全国前十的省份依次为上海、北京、天津、广东、江苏、浙江、辽宁、福建、重庆、内蒙古。十省（区、市）中仅有内蒙古和重庆处在西部地区，其余均处在东部发达地区，评价结果与工业化进程综合指数类似。其中上海人口城镇化率达到88.12%，北京人口城镇化率达到86.49%，天津人口城镇化率达到83.14%，三市该指标均处在工业化后期阶段。其他大部分省份处在50%～70%，处在工业化中期、工业化后期阶段。后五位的省份包括广西、云南、甘肃、贵州、西藏，西藏人口城镇化率最低，仅为31.10%，仍处在前工业化阶段，其余四省区均处在工业化中期后半阶段。

通过对表3－17两年各省（区、市）人口城镇化率排名及次序变动情况的分析，整体来看，人口城镇化率次序变动在五项指标中最小，排名下降的省份有10个，排名上升的省份有14个，保持排名不变的省份有7个。其中排名下降最大的是吉林，排名较2008年下降9位；其次为黑龙江，排名较2008年均下降6位；再次为湖南，排名较2008年均下降3位。排名上升最大的是江苏、重庆、山东、湖北4省市，2018年人口城镇化率全国排名均较2008年上升3位。

表3－17 各地人口城镇化率单项指标所处工业化阶段

地区	2008年人口城镇化率	综合指数	排名	2018年人口城镇化率	综合指数	排名	次序变动
安徽	40.51	17.33	23	54.70	48.50	22	1
北京	84.92	100.00	2	86.49	100.00	2	0
福建	53.01	42.93	10	65.82	79.19	8	2
甘肃	33.56	5.87	28	47.71	29.21	29	－1
广东	63.37	73.63	4	70.70	90.26	4	0
广西	38.16	13.47	25	50.22	33.74	27	－2
贵州	29.12	0.00	30	47.53	28.92	30	0
海南	48.01	29.72	13	59.10	63.03	14	－1

续表

地区	2008年人口城镇化率	综合指数	排名	2018年人口城镇化率	综合指数	排名	次序变动
河北	41.89	19.63	20	56.43	54.23	19	1
河南	36.03	9.94	27	51.71	38.65	25	2
黑龙江	55.40	50.82	7	60.11	66.25	13	-6
湖北	45.19	25.07	15	60.30	66.68	12	3
湖南	42.15	20.04	18	56.02	52.87	21	-3
吉林	53.22	43.62	9	57.54	57.90	18	-9
江苏	54.30	47.20	8	69.61	87.77	5	3
江西	41.36	18.75	21	56.02	52.88	20	1
辽宁	60.05	66.11	5	68.09	84.34	7	-2
内蒙古	51.72	38.67	11	62.71	72.14	10	1
宁夏	44.98	24.72	17	58.87	62.26	15	2
青海	40.79	17.81	22	54.39	47.50	23	-1
山东	47.61	29.05	14	61.18	68.68	11	3
山西	45.12	24.95	16	58.42	60.78	16	0
陕西	42.09	19.95	19	58.13	46.41	18	2
上海	88.60	100.00	1	88.12	100.00	1	0
四川	37.40	12.22	26	52.30	40.58	24	2
天津	77.21	100.00	3	83.14	100.00	3	0
西藏	21.92	0.00	31	31.10	1.82	31	0
新疆	39.65	15.93	24	50.90	35.99	26	-2
云南	33.00	4.94	29	47.81	29.38	28	1
浙江	57.60	58.07	6	68.90	86.18	7	0
重庆	49.98	32.97	12	65.51	78.48	9	3

注：人口城镇化率单位为%。

（5）各地信息化水平指标变动情况。

人均移动电话用户数是一个地区经济繁荣、信息互通程度的重要指标，也是一个地区信息化程度的重要衡量指标。工业化发展离不开信息化带来的技术变革和模式创新，融合程度能用以衡量一个地区工业化发展水平。因此，将一个地区人均移动电话用户数作为衡量一个地区工业化阶段是比较有参考性的。

通过对2008年和2018年各省（区、市）人均移动电话用户数的收集和整理，得出如表3-18所示的数据，通过数据研究发现，2008年各省（区、市）人均移动电话用户数排名全国前十的省份依次为北京、上海、广东、浙江、天津、福建、辽宁、内蒙古、宁夏、陕西。除内蒙古和宁夏外，均位于东部地区。其中，北京人均移动电话用户数达到0.91部/人，上海人均移动电话用户数达到0.88部/人，广东人均移动电话用户数达到0.85部/人，浙江人均移动电话用户数达到0.76部/人，天津人均移动电话用户数达到0.74部/人，五省市均处在工业化后期阶段。其他大部分省份处在0.3~0.7部/人，处在工业化中期阶段，共有23个省（区、市）。后五位的省份包括广西、贵州、西藏、江西、安徽，其中安徽人均移动电话用户数最低，仅为0.28部/人；江西人均移动电话用户数为0.29部/人；西藏人均移动电话用户数为0.30部/人，这三省区均处在工业化初期阶段。

表3-18 各地人均移动电话用户数单项指标所处工业化阶段

地区	2008年人均移动电话用户数	综合指数	排名	2018年人均移动电话用户数	综合指数	排名	次序变动
安徽	0.28	30.75	31	0.88	85.87	30	1
北京	0.91	90.10	1	1.86	100.00	1	0
福建	0.65	61.94	6	1.16	100.00	11	-5
甘肃	0.35	37.20	25	1.04	100.00	22	3
广东	0.85	82.85	3	1.48	100.00	3	0
广西	0.34	36.07	27	1.02	100.00	23	4
贵州	0.33	35.30	28	1.09	100.00	15	13
海南	0.47	46.68	16	1.16	100.00	10	6
河北	0.46	46.19	17	1.08	100.00	18	-1
河南	0.37	38.88	22	0.97	97.04	25	-3
黑龙江	0.43	43.76	21	1.02	100.00	24	-3
湖北	0.44	44.78	20	0.94	93.35	27	-7
湖南	0.35	37.22	24	0.91	90.21	28	-4
吉林	0.50	49.38	12	1.11	100.00	14	-2
江苏	0.51	50.31	11	1.22	100.00	6	5
江西	0.29	31.93	30	0.87	85.26	31	-1

续表

地区	2008 年人均移动电话用户数	综合指数	排名	2018 年人均移动电话用户数	综合指数	排名	次序变动
辽宁	0.56	54.55	7	1.12	100.00	13	-6
内蒙古	0.55	53.63	8	1.20	100.00	8	0
宁夏	0.52	51.41	9	1.28	100.00	5	4
青海	0.45	45.06	19	1.14	100.00	12	7
山东	0.49	48.79	15	1.05	100.00	21	-6
山西	0.50	49.33	13	1.07	100.00	19	-6
陕西	0.51	50.68	10	1.21	100.00	7	3
上海	0.88	86.23	2	1.54	100.00	2	0
四川	0.35	37.17	26	1.09	100.00	16	10
天津	0.74	70.03	5	1.06	100.00	20	-15
西藏	0.30	32.77	29	0.91	89.56	29	0
新疆	0.49	48.95	14	1.09	100.00	17	-3
云南	0.36	37.96	23	0.96	95.99	26	-3
浙江	0.76	73.14	4	1.45	100.00	4	0
重庆	0.45	45.50	18	1.18	100.00	9	9

注：人均移动电话用户数单位为部/人。

2018 年各省（区、市）人均移动电话用户数排名全国前十的省份依次为北京、上海、广东、浙江、宁夏、江苏、陕西、内蒙古、重庆和海南。十省（区、市）中仅有宁夏、陕西、内蒙古处在西部地区，其余均处在东部发达地区。其中北京市人均移动电话用户数达到 1.86 部/人，上海市人均移动电话用户数达到 1.54 部/人，广东省人均移动电话用户数达到 1.48 部/人。其他大部分省份处在 1~1.3 部/人，处在工业化中后期阶段。后五位的省份包括湖北、湖南、西藏、安徽、江西，江西人均移动电话用户数最低，仅为 0.87 部/人，处在工业化中期后半阶段，其他四省区均处在工业化后期前半阶段。

通过对表 3-18 两年各省（区、市）人均移动电话用户数排名及次序变动情况的分析，整体来看，人均移动电话用户数次序变动较小，排名下降的省份有 14 个，排名上升的省份有 11 个，保持排名不变的省份有 6 个。其中排名下降最大的是天津市，该市 2018 年人均移动电话用户数较 2008 年下降 15 位；其次为湖北，下降 7 位；再次为辽宁、山西、山东，三省区均下降 6 位。排名上升最大的是贵州，2018 年人均移动电话用户数全国排名较 2008 年人均移动电话用户数上升 13 位；其次为四川，2018 年人均移动电话用户数全国排名较 2008 年人均移动电话用户数上升 10 位；再次是重庆，2018 年人均移动电话用户数全国排名较 2008 年人均移动电话用户数上升 9 位。通过分析可知，排名上升与排名下降省份规律性不大，东中西部地区（无论经济发达或落后）省份人均移动电话用户数排名均会出现较大的上升或下降。

4. 全国各地工业化进程阶段比较及结构特征

我国各地区工业化进程处在不同的工业化阶段，2018 年全国工业化处在工业化后期前半阶段（85.25），按照工业化五阶段分数划分，梳理全国 31 个省（区、市）所处的不同工业化阶段发展，处在后工业化阶段的有上海市 1 个，工业化后期后半阶段共 7 个，工业化后期前半阶段共 13 个，工业化中期后半阶段共 9 个，工业化中期前半阶段 1 个。

表 3－19　2018 年全国各地区工业化阶段的比较

工业化阶段		全国	31 个省区市	个数
后工业化阶段（五）		全国（85.25）	上海（100.0）	1
工业化后期（四）	后半阶段		北京（98.67）、浙江（97.24）、天津（96.49）、广东（95.9）、江苏（94.78）、福建（88.70）、重庆（86.48）	7
	前半阶段	/	山东（80.88）、湖北（79.76）、辽宁（79.21）、湖南（73.50）、安徽（71.13）、海南（70.9）、内蒙古（70.60）、江西（69.70）、四川（69.17）、吉林（68.75）、河南（67.11）、陕西（66.77）、宁夏（66.65）	13
工业化中期（三）	后半阶段	/	河北（65.87）、青海（63.45）、山西（62.73）、云南（61.65）、广西（60.69）、新疆（60.83）、贵州（56.39）、甘肃（54.88）、黑龙江（54.22）	9
	前半阶段		西藏（48.92）	1
工业化初期（二）	后半阶段		/	0
	前半阶段		/	0
前工业化阶段（一）			/	/

按照五阶段划分法。对2008年全国各地工业化进程进行划分。其中，2008年，不同工业化阶段的省份数量结构特征来看，全国工业化阶段结构特征为橄榄形，分布在三个阶段，多数省份处在工业化中期阶段，且省份有16个，处在工业化初期和工业化后期的省份数量较少，其中，处在工业化初期省份有10个，处在工业化后期省份有5个。随着工业化的发展，到2012年，全国工业化阶段结构特征为金字塔形，分布在两个阶段，工业化中期阶段占绝大多数，省份有22个，工业化后期省份有9个。到2018年，全国工业化阶段仍为橄榄形，分布在两个阶段，工业化后期阶段占多数，省份有20个，工业化中期阶段省份有10个，后工业化阶段省份有1个。

表3-20 中国工业化进程的地区结构特征（2008年、2012年、2016年）

工业化阶段	2008年	2012年	2018年
后工业化阶段（五）	0	0	1
工业化后期（四）	5	9	20
工业化中期（三）	16	22	10
工业化初期（二）	10	0	0
前工业化阶段（一）	0	0	0
结构特征	橄榄形	金字塔形	橄榄形

（二）广西工业化进程区域比较分析

对比分析是找出一个地区发展亮点和发展差距的适用方法，本部分通过工业化原始数据、综合指数测评结果、工业化进程速度的动态对比分析，分析找出广西与全国平均、东部发达地区、西南地区有关工业化分项指标及整体进程的相应差距，为广西更好地推进工业化进程提供参考依据。

从横向上看，根据2018年广西与国内部分地区工业化原始数据对比，广西工业化各项指标原始数据总体上低于全国水平，全国人均GDP是广西的1.65倍，全国产业结构指数均高于广西0.11，全国制造业就业人员占工业就业人员比重高于广西4.07个百分点，全国人口城镇化率高于广西17.05个百分点，全国人均移动电话用户数高于广西0.10部/人。其中，人均GDP、产业结构指数、制造业就业人员占比、人口城镇化率四项分指标与全国平均水平有较大差距，这表明广西在经济发展、产业升级、工业结构、城镇化建设等方面均与全国水平存在较大差距，必须认清广西工业化发展落后的现实，差距比较大的分项指标是广西工业化进程的关键短板。

表 3－21　2018 年广西与部分地区工业化原始数据

地区	人均 GDP	产业结构指数	制造业就业人员占工业就业人员比重	人口城镇化率	人均移动电话用户数
江苏	17518.97	2.61	96.01	83.14	1.48
浙江	15385.65	2.51	95.82	70.7	1.45
福建	14891.35	2.5	94.33	69.61	1.28
广东	13416.3	2.46	89.76	68.9	1.22
四川	7790.98	2.41	74.16	56.43	1.07
江西	7406.69	2.4	73.27	56.02	1.05
云南	6553.33	2.39	60.61	52.3	1.02
贵州	6462.81	2.38	45.31	50.22	0.94
广西	6046.48	2.36	48.81	47.71	0.91
全国	9974.61	2.45	84.21	62.71	1.16

注：人均 GDP 单位为美元/人，产业结构指数（无纲量），制造业就业比单位为%，人口城镇化率单位为%，人均移动电话用户数单位为部/人。

从 2018 年广西与东部发达地区原始数据对比来看，广西与广东、江苏、浙江、福建等东部四省相比，差距更为明显。其中，从人均 GDP 分项指标来看，江苏的人均 GDP 相当于广西的 2.90 倍，浙江的人均 GDP 相当于广西的 2.54 倍；从产业结构指数分项指标来看，江苏、浙江产业结构指数分别高于广西 0.25 和 0.15；从制造业就业人员占工业就业人员比重分项指标来看，江苏高于广西 47.2 个百分点，浙江高于广西 47.01 个百分点；从人口城镇化率分项指标来看，江苏人口城镇化率高于广西 35.43 个百分点，浙江人口城镇化率高于广西 22.99 个百分点；从人均移动电话用户数分项指标来看，江苏人均移动电话用户数高于广西 0.57 部/人，浙江人均移动电话用户数高于广西 0.54 部/人。

从 2018 年广西与西南地区省原始数据对比来看，广西与云南、贵州、四川三省相比，存在不同的差距。其中，从人均 GDP 分项指标来看，四川人均 GDP 是广西的 1.29 倍、云南是广西的 1.08 倍、贵州是广西的 1.07 倍，均高于广西的人均 GDP 规模水平。从产业结构指数分项指标来看，四省均高于广西水平，四川产业结构指数高于广西 0.05，云南产业结构指数高于广西 0.03，贵州产业结构指数高于广西 0.02。从制造业就业人员占工业就业人员比重分项指标来看，云南、四川占比水平均高于广西，贵州省占比水平低于广西，其中，四川省制造业就业人员占工业就业人员比重高出广西 25.35 个百分点，云南高出广西 11.8 个百分点，贵州低于广西 3.5 个百分点；从人口城镇化率分项指标来看，四川人口城镇化率高于广西 8.72 个百分点，云南、贵州人口城镇化率略高于广西；从人均移动电话用户数分项指标来看，三省均高于广西水平，四川人均移动电话用户数高于广西 0.16 部/人，云南、贵州人均移动电话用户数分别高于广西 0.11 部/人和 0.03 部/人。综合来看，广西与云贵川三省在五项分指标上各有优长与不足，广西在工业结构即制造业就业人员占工业就业人员比重上具有一定优势，其余四项指标均落后于云贵川三省。总体来看，广西工业化发展水平和质量与四川差距较大，与云南、贵州整体工业化水平相当。

表 3 – 22　2018 年广西与部分地区工业化原始数据差距对比

地区	人均 GDP（倍数）	产业结构指数（差值）	制造业就业人员占工业就业人员比重（差值）	人口城镇化率（差值）	人均移动电话用户数（差值）
江苏	2.90	0.25	47.20	35.43	0.57
浙江	2.54	0.15	47.01	22.99	0.54
福建	2.46	0.14	45.52	21.90	0.37
广东	2.22	0.10	40.95	21.19	0.31
四川	1.29	0.05	25.35	8.72	0.16
云南	1.08	0.03	11.80	4.59	0.11
贵州	1.07	0.02	–3.50	2.51	0.03
广西	1.00	0.00	0.00	0.00	0.00
全国	1.65	0.09	35.40	15.00	0.25

注：人均 GDP 单位为美元/人，产业结构指数（无纲量），制造业就业比单位为%，人口城镇化率单位为%，人均移动电话用户数单位为部/人。差距对比方法：人均 GDP 采用全国及其他省份除以广西水平所得的倍数；产业结构指数、制造业就业人员占工业就业人员比重、人口城镇化率、人均移动电话用户数均采用全国及其他省份绝对量减去广西水平所得差值。

从纵向上看，根据广西与部分地区 2008 年、2012 年、2018 年城镇化综合对比，广西与全国工业化进程综合指数相比差距较大；总体上看，广西落后于全国工业化平均进程一个阶段①。与东部发达省份相比，2008 年，广西与广东、浙江工业化进程差距 1.5 个阶段，与江苏、福建差距 1 个阶段。2012 年，广西与广东、江苏、浙江、福建均差距 1 个阶段。2018 年，广西与广东、江苏、浙江、福建工业化进程差距 1 个阶段。由此说明，与广东、江苏等东部发达省份相比，近

① 2008 年，广西处在工业初期后半阶段，全国处在工业化中期前半阶段；2012 年，广西处在工业化中期前半阶段，全国处在工业化中期后半阶段；2018 年，广西处在工业化中期后半阶段，全国处在工业化后期后半阶段。

年来广西工业化发展速度较快，与这些省份的阶段性差距逐渐缩小，同时，应注重广西与这些省份在具体指标数据上差距呈现逐步拉大的事实[①]。与云南、贵州、四川等西南地区相比，2008 年和 2012 年，广西与云南、贵州、四川工业化进程在阶段上基本同步，2018 年，广西工业化进程在阶段上低于四川省，与云南同步，整体快于贵州。但从 3 年的综合指数测评结果上看，广西工业化进程综合指数均低于四川，2018 年被云南省超过，但高于贵州。广西在工业化发展上在西南地区中具有一定优势，下一步广西必须充分发挥区位、交通等优势，重点推动与西南地区省份的合作，实现共赢发展。

表 3－23 广西与部分地区工业化进程：指数与阶段

地区	2008 年		2012 年		2018 年	
	综合指数（百分制）	工业化阶段	综合指数（百分制）	工业化阶段	综合指数（百分制）	工业化阶段
广东	71.3	四（Ⅰ）	82.5	四（Ⅰ）	95.90	四（Ⅱ）
江苏	59.7	三（Ⅱ）	81.2	四（Ⅰ）	94.78	四（Ⅱ）
浙江	67.3	四（Ⅰ）	82.2	四（Ⅰ）	97.24	四（Ⅱ）
福建	55.4	三（Ⅱ）	74.4	四（Ⅰ）	88.70	四（Ⅱ）
广西	28.6	二（Ⅱ）	44.6	三（Ⅰ）	60.92	三（Ⅱ）
云南	25.6	二（Ⅱ）	39.0	三（Ⅰ）	61.65	三（Ⅱ）
贵州	25.0	二（Ⅱ）	38.5	三（Ⅰ）	56.39	三（Ⅱ）
四川	29.1	二（Ⅱ）	45.4	三（Ⅰ）	69.17	四（Ⅰ）
全国	46.6	三（Ⅰ）	62.3	三（Ⅱ）	85.25	四（Ⅱ）

① 2008 年，广东人均 GDP 较广西多 3310 美元/人；2012 年，广东人均 GDP 较广西多 4141 美元/人；2018 年，广东人均 GDP 较广西多 7370 美元/人，两省区在这项指标上的差距逐渐拉开。

第四章　广西各市工业化进程评价及结果分析

一、广西各市工业化进程评价

本章以广西各市工业化进程指标评价及结果分析为主，分别从人均 GDP、产业结构指数、制造业就业人员占工业就业人员比重、人口城镇化率、每人电话用户数等方面进行工业化水平评价。基于经典工业化理论选定了地区工业综合评价体系的构成指标和标志值，运用层次分析法确定了各个指标的权重予以检验。

（一）14 个地级市工业化进程评价

根据经典工业化理论，衡量一个国家或地区的工业化水平，一般可以从经济发展水平、产业结构、工业化结构、就业结构、人口城镇化等方面来进行，但考虑到指标代表性、可行性及可比性，本部分选取了 2008 年、2012 年和 2018 年的数据来构造工业化水平的评价体系；经济发展水平方面选择人均 GDP 为基本指标；产业结构方面选择产业结构指数为基本指标；就业结构方面选择制造业人员占工业就业比重为基本指标；空间结构方面选择人口城镇化率为基本指标；而人均移动电话用户数则反映当前信息化程度的高低。

1. 广西各市工业化综合指数测评

按照 2018 年广西各市工业化原始数据整理得出，如表 4 - 1 所示，从各市人均 GDP、制造业就业人员占工业就业人员比重、人口城镇化率等指标进行判断，侧面反映出广西各市所处的工业化进程发展阶段。通过指标分析得出，各市工业化评价指标如下，其中，广西各市工业化进程集中处在工业化中期前半阶段和后半阶段，部分城市进入工业化后期前半阶段。

表 4－1 2018 年广西各市工业化原始数据

地区	人均 GDP	产业结构指数	制造业就业人员占工业就业人员比重	人口城镇化率	信息化水平
南宁市	8448	2.49	68.03	62.40	1.42
柳州市	11477	2.35	97.19	64.74	1.22
桂林市	5970	2.30	81.54	50.00	1.00
梧州市	5104	2.32	85.88	52.58	0.81
北海市	10968	2.19	90.16	58.60	1.20
防城港市	11122	2.23	70.56	58.40	1.22
钦州市	5930	2.21	86.46	40.00	0.73
贵港市	4025	2.24	96.46	50.09	0.63
玉林市	4187	2.31	89.09	49.29	0.68
百色市	4861	2.19	54.43	37.06	0.81
贺州市	4411	2.25	61.79	46.20	0.75
河池市	3370	2.27	58.69	38.18	0.80
来宾市	4700	2.18	82.60	44.55	0.76
崇左市	7339	2.19	67.12	39.24	0.81
全区	6046.48	2.35	80.14	50.22	1.02
全国	9974.61	2.46	84.21	67.27	1.12

注：人均 GDP 单位为美元/人，产业结构指数（无纲量），制造业就业比单位为%，人口城镇化率单位为%，人均移动电话用户数单位为部/人。

从人均 GDP 水平来看，前五位的城市次为柳州市、防城港市、北海市、南宁市和崇左市，人均 GDP 最高的柳州市达到 11477 美元/人，其次是防城港市和北海市，分别是 11122 美元/人和 10968 美元/人，再次是南宁市和崇左市，分别是 8448 美元/人和 7339 美元/人。其中，防城港市、柳州市、北海市、南宁市和崇左市 5 个城市人均 GDP 较高且正好与工业化进程成正比关系，人均 GDP 越高则工业化进程就越好，如处于工业化后期前半阶段的有柳州市、南宁市、防城港市和北海市，而桂林市处于工业化中期后半阶段，且这 5 个市都有特色产业及工业作为支撑，在资源及区位禀赋上具有一定优势。百色市、贵港市、河池市、贺州市、来宾市和玉林市六个地级市人均 GDP 低于 5000 美元/人，玉林、贵港、河池等市工业化进程与其他市相比还存在不小的差距。

从产业结构指数来看，前五位依次为南宁市、柳州市、梧州市、玉林市和桂林市，前五位的产业结构指数依次为2.49、2.35、2.32、2.31、2.30，产业结构指数水平最高的南宁市处于工业化后期前半阶段之一，该市处于实施强首府战略和推进经济高质量发展的关键阶段。

从制造业就业人员占工业就业人员比重来看，前五位依次是柳州市、贵港市、北海市、玉林市和钦州市，柳州市的比重达到97.19%，汽车、机械、钢铁等传统优势产业发挥了重大作用；贵港市和北海市分别达到96.46%、90.16%，两市深入实施产业转型升级，重点发展电子信息、机械制造、新材料等产业，制造业就业带动能力稳步增强；玉林市和钦州市分别达到89.09%、86.46%。河池市（58.69%）、百色市（54.43%）制造业就业比重低于60%，充分表明这些城市工业发展面临明显的瓶颈制约，其结构优化面临严峻挑战。

从人口城镇化率来看，根据诺瑟姆曲线将城镇化发展分为两个阶段。一是初始阶段，即城镇化率低于30%以下，这一阶段的主要特征是农村人口占绝对优势，生产力水平较低，工业提供的就业机会有限，农村剩余劳动力释放缓慢；二是中期阶段，即城镇化率处于30%～70%，这一阶段的主要特征是城镇化进入快速发展时期，城镇人口在较短周期内突破50%并有望达到70%。通过各市城镇化率指标分析得出，城镇化率最高的依次是柳州市、南宁市、北海市、防城港市和梧州市，城镇化率水平分别为64.74%、62.4%、58.6%、58.4%和52.58%。同时，城镇化率高低与人均GDP和工业化整体进程紧密正相关。上述五市城镇化率均达到50%以上，且高于全区人口城镇化率平均水平（50.22%），但均低于全国城镇化率平均水平（67.27%）。总体来看，必须进一步加快工业化进程，通过工业高质量发展持续性带动城乡劳动力有序转移，筑牢城镇化建设的基础。

从信息化水平指数即人均移动电话用户数来看，前五位依次为南宁市、柳州市、防城港市、北海市和桂林市，5市均高于1部/人，其中南宁市和北海市分别达到1.42部/人、1.22部/人，其余市信息基础设施不够完善、信息技术比较落后。总体来说，广西各市信息化建设仍处于全国中等偏下水平。一是高速宽带网络建设进程较为缓慢；二是固定家庭宽带常住人口普及率处于全国较低水平，城镇地区1000兆比特/秒（Mbps）以上接入服务能力有待提高，大中城市家庭用户宽带100Mbps以上可提供的选择较少；三是三网融合程度较低；四是存在宽带网络接入“最后一公里”瓶颈；五是农村及偏远地区网络还未全面覆盖。

因此，根据广西工业化进程测评结果得出2008年、2012年和2018年各市工业化实现程度进程评测，主要分析如下：

从2008年广西各市工业化进程测评结果和所处阶段可以判定，广西整体处于工业化初期后半阶段，工业化进程综合指数为28.55。从各市工业化进程来看，可分为以下三个梯队。首先是柳州和南宁梯队，工业化程度最高，处于工业化中期后半阶段，综合指数分别为55.57和55.50。其次是防城港、北海、桂林和梧州，处于工业化中期前半阶段，综合指数依次为43.32、41.60、38.05和35.06。最后是玉林、钦州、崇左、贵港、来宾、贺州、百色和河池8个市，处于工业化初期后半阶段，工业化进程发展缓慢，整体上综合指数较低。

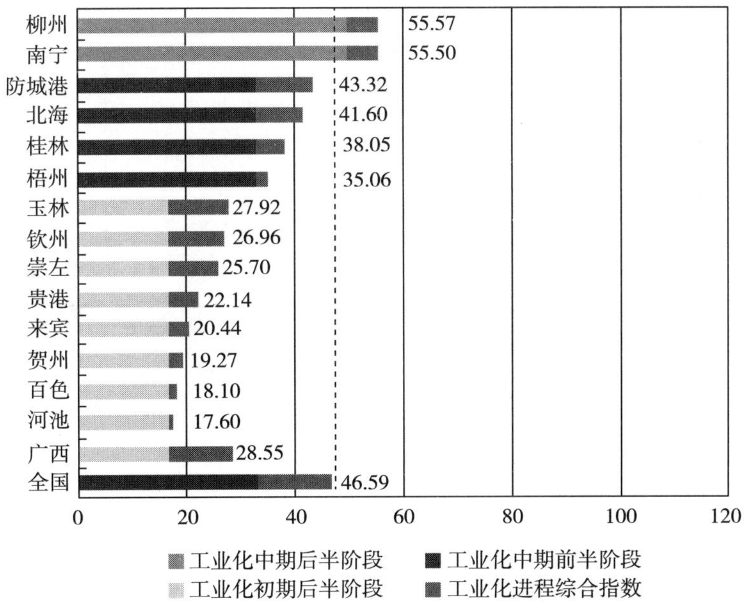

图4-1　2008年广西各市工业化进程综合指数与阶段

从2012年广西各市工业化进程测评结果和所处阶段可以判定，广西整体进入工业化中期前半阶段，工业化进程综合指数为44.59。从各市工业化进程来看可分为四个梯队，大部分市都已进入工业化中期。其中柳州和南宁工业化程度最高，处于工业化后期前半阶段，工业化进程综合指数分别为77.16和74.54。其次是防城港和北海处于工业化中期后半阶段，工业化进程综合指数分别为63.02和51.17。再次为桂林、梧州、玉林、钦州、崇左、贵港、来宾和贺州，处于工业化中期前半阶段，工业化综合指数分别为49.38、48.42、37.80、37.18、36.49、36.24、35.53和34.12。最后是百色和河池仍处于工业化初期后半阶段，建设投资项目较少，区位优势不明显等都制约了两市工业化进程。

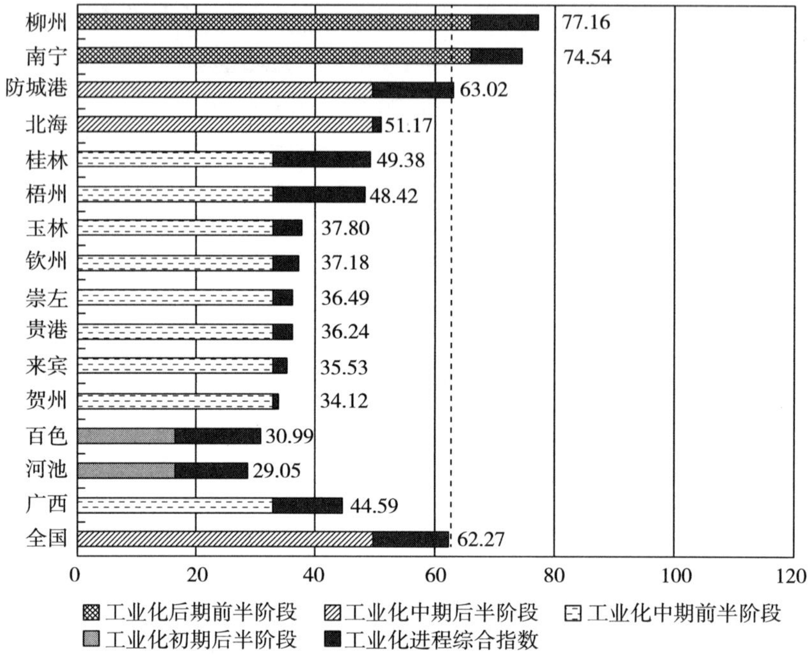

图4－2　2012年广西各市工业化进程综合指数与阶段

从2018年各市工业化进程测评结果和所处阶段可以判定，广西整体处于工业化中期后半阶段，工业化进程综合指数为60.92。总体来看，14个市已进入工业化中期阶段。其中，柳州、南宁、北海和防城港工业化程度较高，处于工业化后期前半阶段，工业化进程综合指数分别为81.75、78.31、72.72和69.21。处于工业化中期后半阶段的有桂林、梧州、玉林、钦州4市，工业化进程综合指数分别为59.15、57.25、51.55和49.49。处于工业化中期前半阶段的有贵港、崇左、来宾、贺州、百色、河池6市，工业化进程综合指数分别为48.67、48.40、46.37、43.11、38.54、37.33。河池市工业化进程指数最低，刚迈进工业化中期前半阶段。

总体来看，通过分析2008年、2012年和2018年广西各市所处工业化阶段和工业化进程综合指数可以发现，在此期间广西大部分城市工业化进程从工业化初期后半阶段迈入工业化中期前半阶段，且有望大部分市跨越到工业化中期后半阶段。广西工业化进程处于领先地位的是柳州和南宁，且与各市工业化进程有一定的差距。经过对比分析，广西各市2008年、2012年和2018年工业化进程综合指数得出前5位城市的排名（见表4－2），按照2008年、2012年和2018年全区工

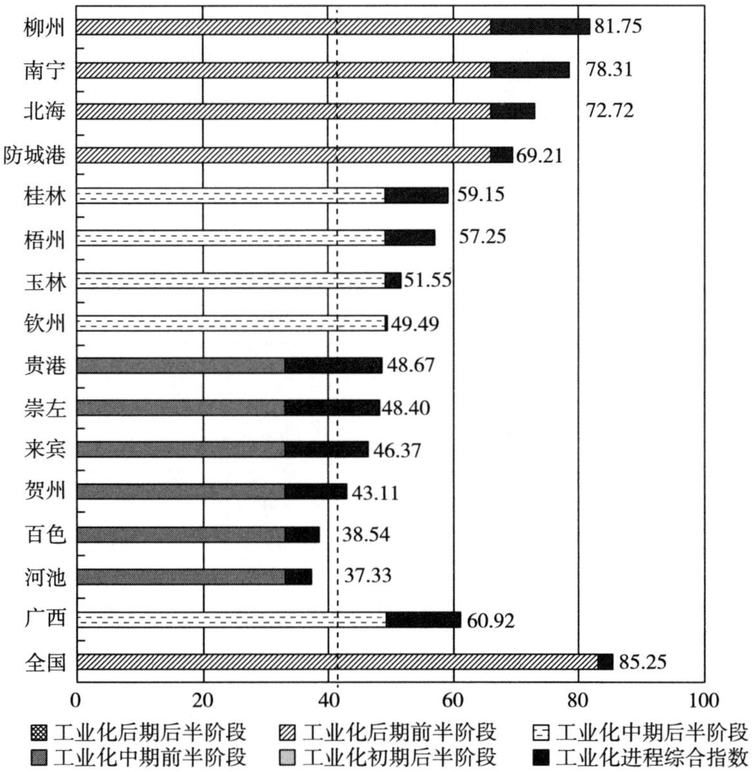

图 4－3　2018 年广西各市工业化进程综合指数与阶段

业化综合指数计算结果排序来看，三个节点年中，均是南宁、柳州、北海、防城港和桂林。

表 4－2　工业化进程综合指数全区前五位地级市

序号	2008 年	2012 年	2018 年
1	柳州（55.6）	柳州（77.2）	柳州（81.8）
2	南宁（55.5）	南宁（74.5）	南宁（78.3）
3	防城港（43.3）	防城港（63.0）	北海（72.7）
4	北海（41.6）	北海（51.2）	防城港（69.2）
5	桂林（38.1）	桂林（49.4）	桂林（59.2）

根据综合评价方法，分别计算出广西各市工业化进程综合得分，可以判断广西各市所处的工业化阶段（见表 4－3），用“一”表示前工业化阶段（综合指数

值小于等于0)，“二”表示工业化初期（综合指数值大于0小于33)，“三”表示工业化中期（综合指数值大于33小于66)，“四”表示工业化后期（综合指数值大于66小于100)，“五”表示后工业化阶段（综合指数达到100)，“（Ⅰ)”表示所处工业化阶段的前半阶段（综合指数值未超过该阶段的中间值)，“（Ⅱ)”表示所处工业化阶段的后半阶段（综合指数值超过该阶段中间值)，如“二（Ⅰ)”即表示该地区处于工业化初期的前半阶段。

表4-3 广西工业化进程：指数与阶段

地区	2018年		2012年		2008年	
	综合指数（百分制）	工业化阶段	综合指数（百分制）	工业化阶段	综合指数（百分制）	工业化阶段
柳州市	81.75	四（Ⅰ）	77.2	四（Ⅰ）	55.6	三（Ⅱ）
南宁市	78.31	四（Ⅰ）	74.5	四（Ⅰ）	55.5	三（Ⅱ）
北海市	72.72	四（Ⅰ）	51.2	三（Ⅱ）	41.6	三（Ⅰ）
防城港市	69.21	四（Ⅰ）	63.0	三（Ⅱ）	43.3	三（Ⅰ）
桂林市	59.15	三（Ⅱ）	49.4	三（Ⅰ）	38.1	三（Ⅰ）
梧州市	57.25	三（Ⅱ）	48.4	三（Ⅰ）	35.1	三（Ⅰ）
玉林市	51.55	三（Ⅱ）	37.2	三（Ⅰ）	27.9	二（Ⅱ）
钦州市	49.49	三（Ⅱ）	37.8	三（Ⅰ）	27.0	二（Ⅱ）
贵港市	48.67	三（Ⅰ）	36.2	三（Ⅰ）	22.1	二（Ⅱ）
崇左市	48.40	三（Ⅰ）	36.5	三（Ⅰ）	25.7	二（Ⅱ）
来宾市	46.37	三（Ⅰ）	35.5	三（Ⅰ）	20.4	二（Ⅱ）
贺州市	43.11	三（Ⅰ）	34.2	二（Ⅱ）	19.2	二（Ⅱ）
百色市	38.54	三（Ⅰ）	31.0	三（Ⅰ）	18.1	二（Ⅱ）
河池市	37.33	三（Ⅰ）	29.1	二（Ⅱ）	17.6	二（Ⅱ）
全区	60.92	三（Ⅱ）	44.6	三（Ⅰ）	28.6	二（Ⅱ）
全国	85.25	四（Ⅱ）	62.3	三（Ⅱ）	46.6	三（Ⅰ）

2. 广西各市工业化进程阶段比较及结构特征

通过对比分析广西各市工业化阶段，目前处于工业化中期前半阶段的有贵港、崇左、来宾、贺州、百色、河池6城市；处于工业化中期后半阶段的有桂林、梧州、玉林、钦州4城市；而处于工业化后期前半阶段的有柳州、南宁、北海和防城港4个城市。各市工业化进程呈现“6—4—4”的阶段结构特征。

表 4－4　广西各市工业化阶段的比较（2018 年）

工业化阶段		全国、全区	14 个地级市	个数
后工业化阶段（五）		/		0
工业化后期（四）	后半阶段	全国（85.25）		0
	前半阶段	/	柳州市（81.8）、南宁市（78.3）、北海市（72.7）、防城港市（69.2）	4
工业化中期（三）	后半阶段	广西（60.92）	桂林市（59.2）、梧州市（57.3）、玉林市（51.6）、钦州市（49.5）	4
	前半阶段	/	贵港市（48.7）、崇左市（48.4）、来宾市（46.4）、贺州市（43.1）、百色市（38.5）、河池市（37.3）	6
工业化初期（二）	后半阶段	/	/	0
	前半阶段	/	/	0
前工业化阶段（一）		/	/	0

总体上看，广西工业化进程的地区结构特征在三个节点年的时间截面上体现出较大差异，2008 年的工业化进程阶段结构特征为圆柱形，其中分布在工业化初期阶段的有 7 个地级市，分布在工业化中期阶段的有 7 个地级市；随着各市工业化进程的加快，到 2012 年工业化进程阶段结构特征转变为橄榄形，处于工业化初期阶段的地级市有 2 个，处于工业化中期阶段的达到 10 个，进入工业化后期阶段的有 2 个；到 2018 年各市工业化进程阶段结构仍属于圆柱形，分布工业化中期阶段的有 10 个，达到工业化后期阶段的有 4 个。

表 4－5　广西工业化进程的地区结构特征

工业化阶段	2008 年	2012 年	2018 年
后工业化阶段（五）	0	0	0
工业化后期（四）	0	2	4
工业化中期（三）	7	10	10
工业化初期（二）	7	2	0
前工业化阶段（一）	0	0	0
结构特征	圆柱形	橄榄形	圆柱形

3. 广西各市工业化进程速度变动情况

从广西各地区工业化进程步伐来看，速度不等、缓慢不一，以 2008 ~ 2018

年和 2012～2018 年为两个阶段进行分析，可以清晰地看出各地区工业化进程年均增长速度都在增长。但广西与全国工业化对比仍存在很大差距，广西必须提速工业化进程，加快赶上全国工业化步伐。

表 4－6 广西各地区的工业化速度（2008～2018 年）

指标 / 地区	工业化综合指数（百分制）			工业化年均增长速度（%）			类型
	2018 年	2012 年	2008 年	2008～2018 年	2008～2012 年	2012～2018 年	
百色	38.5	31.0	18.1	12.8	9.2	2.0	增速
北海	72.7	51.2	41.6	34.7	7.7	21.5	增速
崇左	48.4	36.5	25.7	28.0	14.9	12.9	增速
防城港	69.2	63.0	43.3	27.6	10.9	6.2	增速
贵港	48.7	36.2	22.1	26.6	13.1	12.5	增速
桂林	59.2	49.4	38.1	15.8	3.3	9.7	增速
河池	37.3	29.1	17.6	18.0	10.8	8.2	增速
贺州	43.1	34.1	19.3	25.5	15.2	12.1	增速
来宾	46.4	35.5	20.4	28.3	17.2	12.3	增速
柳州	81.8	77.2	55.6	26.2	7.6	7.3	增速
南宁	78.3	74.5	55.5	22.8	8.6	1.1	增速
钦州	49.5	37.2	29.7	22.5	8.8	11.7	增速
梧州	57.3	48.4	35.1	22.2	8.4	8.9	增速
玉林	51.6	37.8	27.9	23.6	7.5	14.3	增速
广西	60.9	44.6	28.6	32.3	11.7	16.3	增速
全国	85.3	62.3	46.6	38.7	7.5	23.0	增速

（二）区域工业化进程的评价分析

根据综合评价方法，对广西北部湾经济区、西江经济带和左右江革命老区三大区域工业化进程进行测算和对比分析，更加全面、更加系统地了解和掌握广西工业化整体进程。从 2008 年到 2018 年来看，北部湾经济区工业化阶段从工业化中期前半阶段迈入工业化中期后半阶段，西江经济带从工业化中期前半阶段迈入工业化中期后半阶段，左右江革命老区工业化阶段从工业化初期后半阶段迈入工业化中期前半阶段。全区工业化综合指数与阶段则是实现“三步走”，分别是从工业化初期后半阶段迈入工业化中期前半阶段，进而迈入工业化中期后半阶段，全区工业化综合指数跨梯度上升，分别由28.6上升到44.6，进而上升到60.9。从全国工业化进程指数与阶段来看，也是实现“三步走”节奏，工业化阶段从工业化中期前半阶段迈入工业化中期后半阶段，当前处于工业化后期后半阶段，综合指数分别从46.6上升到62.3，进而上升到85.3。

从北部湾经济区区域工业化进程指数与所处阶段来看，2012年北部湾经济区从工业化中期前半阶段率先跨入工业化中期后半阶段，综合指数从2008年的46.4相继上升到2012年的62.3和2018年的63.2。在此期间，广西加快推进北部湾产业转型升级、着力打造北部湾经济区升级版，加快沿海工业向高质量高效益迈进，为北部湾经济区工业化进程的跃升提供了关键保障。

从西江经济带区域工业化进程指数与所处阶段来看，2018年西江经济带从工业化中期前半阶段迈入工业化中期后半阶段，其中2008年和2012年的综合指数分别为35.7和46.9，进而上升到2018年的64.0。在此期间，广西紧抓经济带开放发展和两广经济一体化发展机遇，进一步加强桂东承接产业转移示范区的建设，为加快汽车、装备制造、食品、电子信息、建材等产业集群提质升级，打造优势互补、协作配套的沿江现代产业带奠定了基础。

从左右江革命老区区域工业化进程指数与所处阶段来看，2012年左右江革命老区从工业化初期后半阶段迈入工业化中期前半阶段，并在2018年继续处于工业化中期前半阶段，三个节点年工业化进程综合指数分别为22.7、33.4和33.3。在此期间，广西加快左右江革命老区振兴发展，促进工业园区、产业集聚区和脱贫攻坚协调发展，进一步增强了工业化进程的支撑力。

表4－7　广西区域工业化进程：指数与阶段

地区	2018年		2012年		2008年	
	综合指数（百分制）	工业化阶段	综合指数（百分制）	工业化阶段	综合指数（百分制）	工业化阶段
北部湾经济区	63.2	三（Ⅱ）	62.3	三（Ⅱ）	46.4	三（Ⅰ）
西江经济带	64.00	三（Ⅱ）	46.9	三（Ⅰ）	35.7	三（Ⅰ）
左右江革命老区	33.33	三（Ⅰ）	33.4	三（Ⅰ）	22.7	二（Ⅱ）
全区	60.92	三（Ⅱ）	44.6	三（Ⅰ）	28.6	二（Ⅱ）
全国	85.25	四（Ⅱ）	62.3	三（Ⅱ）	46.6	三（Ⅰ）

二、广西工业化进程的结构特征识别

工业化与工业发展密切相关，工业化进程在相当程度上是产业结构不断优化的过程，这种结构性特征包括了三次产业结构、工业内部结构、所有制结构、规模结构以及创新结构等，分析工业化进程的结构特征有助于从结构角度进一步把握和了解广西工业化进程的特征和存在问题。

（一）三次产业结构特征识别

改革开放以来，广西经济取得了令人瞩目的成就，本部分从1978～2018年对广西产业结构进行分析，对广西产业结构特征进行识别。总体来看，广西三次产业结构占比不断优化（见图4－4），整体发展呈良好趋势，遵循工业化进程发展的规律。产业结构逐渐由第一产业持续下降的产业结构演变为以第二产业从低到高逐步形成以工业为主导力量的现代产业结构，第三产业逐渐跟上第二产业的快速发展。

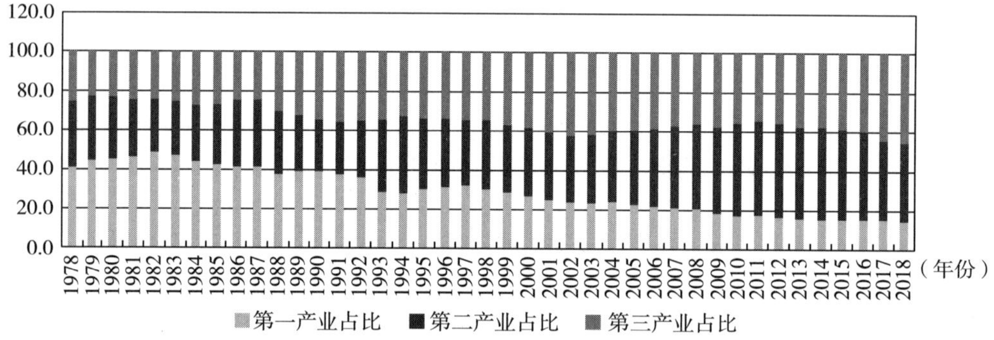

图4－4　1978～2018年广西三次产业占比变动情况

1. 广西三次产业结构总体特征

根据1978～2018年广西三次产业结构一览表可知，广西地区生产总值从1978年的75.85亿元增长到2018年的19627.81亿元，名义年均增长达到14.9%。总体来看，1978年的三次产业结构为“一二三”结构特征，第一产业生产总值31.01亿元，占比为40.88%；第二产业生产总值25.81亿元，占比为

34.03%；第三产业生产总值19.03亿元，占比为25.09%。到2018年三次产业结构为“三二一”结构特征，第一产业生产总值达到3021.09亿元，占比为15.39%；第二产业生产总值达到6692.87亿元，占比为34.10%；第三产业生产总值达到9913.85亿元，占比为50.51%。

从1978年到2018年的三次产业结构调整速度来看，第二产业名义年均增长为14.91%，第三产业名义年均增长为16.93%，第一产业名义年均增长为12.13%。说明第二产业与第三产业基本保持更高速度的增长态势，工业化进程逐步趋于成熟，第一产业占比持续下降，意味着产业结构发生了重大转变，从而促进广西三次产业结构进一步优化调整。

表4-8 1978~2016年广西三次产业结构一览表

年份	地区生产总值（亿元）	第一产业增加值（亿元）	第二产业增加值（亿元）	第三产业增加值（亿元）	第一产业占比（%）	第二产业占比（%）	第三产业占比（%）
1978	75.85	31.01	25.81	19.03	40.88	34.03	25.09
1979	84.59	37.57	27.98	19.04	44.41	33.08	22.51
1980	97.33	44.07	30.79	22.47	45.28	31.63	23.09
1981	113.46	52.58	33.01	27.87	46.34	29.09	24.56
1982	129.15	63.15	34.72	31.28	48.90	26.88	24.22
1983	134.60	63.59	37.09	33.92	47.24	27.56	25.20
1984	150.27	66.26	43.26	40.75	44.09	28.79	27.12
1985	180.97	77.49	54.69	48.79	42.82	30.22	26.96
1986	205.46	85.62	69.03	50.81	41.67	33.60	24.73
1987	241.56	99.94	81.79	59.83	41.37	33.86	24.77
1988	313.28	118.25	100.69	94.34	37.75	32.14	30.11
1989	383.44	149.98	109.97	123.49	39.11	28.68	32.21
1990	449.06	176.77	118.45	153.84	39.36	26.38	34.26
1991	518.59	195.17	141.02	182.40	37.63	27.19	35.17
1992	646.60	233.03	187.48	226.09	36.04	28.99	34.97
1993	871.70	250.11	321.10	300.49	28.69	36.84	34.47
1994	1198.29	333.79	469.81	394.69	27.86	39.21	32.94
1995	1497.56	453.15	535.86	508.55	30.26	35.78	33.96
1996	1697.90	534.88	587.37	575.65	31.50	34.59	33.90
1997	1817.25	582.74	614.07	620.44	32.07	33.79	34.14
1998	1911.30	586.70	667.29	657.31	30.70	34.91	34.39

续表

年份	地区生产总值（亿元）	第一产业增加值（亿元）	第二产业增加值（亿元）	第三产业增加值（亿元）	第一产业占比（%）	第二产业占比（%）	第三产业占比（%）
1999	1971.41	567.72	682.34	721.35	28.80	34.61	36.59
2000	2080.04	557.38	732.76	789.90	26.80	35.23	37.98
2001	2279.34	576.34	771.18	931.82	25.29	33.83	40.88
2002	2523.73	601.99	846.89	1074.85	23.85	33.56	42.59
2003	2821.11	658.78	984.08	1178.25	23.35	34.88	41.77
2004	3433.50	817.88	1253.70	1361.92	23.82	36.51	39.67
2005	3984.10	912.50	1510.68	1560.92	22.90	37.92	39.18
2006	4746.16	1032.47	1878.56	1835.12	21.75	39.58	38.67
2007	5835.33	1241.35	2434.00	2159.98	21.27	41.71	37.02
2008	7038.88	1453.75	3050.82	2534.31	20.65	43.34	36.00
2009	7784.98	1458.49	3400.42	2926.07	18.73	43.68	37.59
2010	9604.01	1675.06	4536.66	3392.29	17.44	47.24	35.32
2011	11764.97	2047.22	5707.57	4010.18	17.40	48.51	34.09
2012	13090.04	2172.37	6287.19	4630.48	16.60	48.03	35.37
2013	14511.70	2290.64	6778.48	5442.58	15.78	46.71	37.50
2014	15742.62	2413.44	7378.14	5951.04	15.33	46.87	37.80
2015	16870.04	2565.45	7766.34	6538.25	15.21	46.04	38.76
2016	18317.64	2796.80	8273.66	7247.18	15.27	45.17	39.56
2017	20396.25	2906.87	9297.84	8191.54	14.2	45.2	40.6
2018	19627.81	3021.09	6692.87	9913.85	15.39	34.10	50.51

资料来源：《广西统计年鉴 2019》。

2. 广西工业内部结构从轻工业向重工业倾斜

根据德国经济学家霍夫曼提出的“霍夫曼定理”可以看出（见图 4－5），广西工业内部结构不断从轻工业向重工业转变，其霍夫曼系数越低，说明重工业发展特征越明显。其中，从 1978 年的 1.2 下降到 2000 年的 0.9，这一阶段工业结构是以轻工业为主，之后从 2001 年的 0.92 下降到 2018 年的 0.33，重工业得到快速发展，整体上看出霍夫曼系数不断持续下降，意味着轻工业被重工业代替，重工业已成为广西经济发展的主导力量。

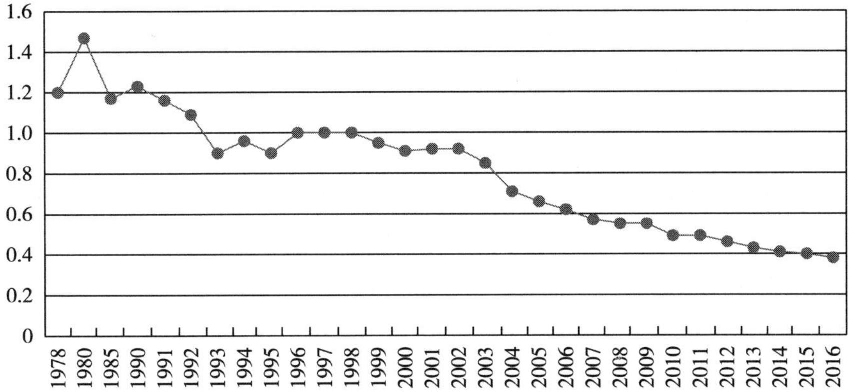

图 4－5　1978～2018 年广西工业内部结构趋势图

综上所述，改革开放以来广西产业结构特征从“一二三”转变为“三二一”，通过三次产业的调整，第二、第三产业比重逐渐上升，第一产业逐渐递减，第二产业结构从轻工业主导快速向重工业主导转变，从而形成以工业特别是重工业为主要动能的产业发展格局。

（二）工业所有制结构特征识别

工业发展尤其是工业所有制以及民营经济的发展情况，可作为一个地方经济发展水平的晴雨表。工业企业在做大经济总量、加快城镇建设、促进社会和谐等方面始终发挥着重大作用。

1. 广西工业所有制结构的变动趋势

改革开放以来，广西国有企业工业总产值比重逐渐下降，而其他成分的工业总产值比重快速上升，从而推进工业快速发展和工业化进程的加快。1978～2018 年，广西工业所有制结构发生深刻变化，尤其是国有工业占比从大变小，集体工业比重逐渐下降，而其他①工业比重逐年快速上升，特别是近年来，国有、集体和其他工业呈现出不同的发展态势。

从 1978 年来看，国有工业总产值比重很高，达到 78.84%，集体工业总产值比重为 16.60%，而其他工业总产值比重为 4.56%。到 2000 年，国有工业企业总产值比重下降到 22.81%，集体工业总产值比重为 15.38%，而其他工业总产值比重为 61.81%。到 2018 年，其他工业总产值比重得到快速上升，国有工业总

① 其他企业指的是私营性质的、个人股份性质的企业。

产值比重进一步下降，总产值比重仅有 0.48%，集体工业总产值也仅有 0.65%，从而更清晰地看到广西工业所有制结构变动的趋势。

2. 广西工业所有制结构变动与工业结构变化

工业所有制结构变动会引起工业产业结构的转变，总体来看，民营工业企业已经成为广西工业的绝对主导力量。1978 年广西轻工业、重工业的比重分别为 54.63%、45.37%，且轻工业高于重工业。总的来看，进入 2000 年之后广西重工业化趋势和特征越来越明显，这与产业转移、北部湾开放开发尤其是一批重化工业的布局具有紧密关联，而轻工业发展则逐步式微。到 2018 年轻工业、重工业的比重分别为 24.93%、75.07%，重工业占比远超轻工业。

表 4-9 1978～2018 年广西工业总产值所有制及轻工业、重工业的构成

年份	工业总产值所有制构成（%）			轻、重工业总产值构成（%）	
	国有	集体	其他	轻工业	重工业
1978	78.84	16.60	4.56	54.63	45.37
1980	77.92	17.31	4.77	59.57	40.43
1985	77.78	16.36	5.86	54.05	45.95
1990	72.17	16.61	11.22	55.26	44.74
1991	71.20	16.51	12.29	53.87	46.13
1992	65.62	16.39	17.98	52.18	47.82
1993	55.53	17.15	27.32	46.77	53.23
1994	44.81	17.00	38.19	49.12	50.88
1995	39.82	17.56	42.62	47.54	52.46
1996	36.27	18.86	44.87	49.75	50.25
1997	34.07	20.04	45.89	50.66	49.34
1998	28.83	20.85	50.33	52.69	47.31
1999	26.20	20.05	53.75	48.76	51.24
2000	22.81	15.38	61.81	47.88	52.12
2001	18.78	12.25	68.97	47.94	52.06
2002	17.13	9.54	73.33	47.93	52.07
2003	16.37	6.17	77.46	45.94	54.06
2004	14.04	3.12	82.84	41.46	58.54

续表

年份	工业总产值所有制构成（%）			轻、重工业总产值构成（%）	
	国有	集体	其他	轻工业	重工业
2005	15.02	2.61	82.37	39.66	60.34
2006	13.23	2.31	84.46	38.43	61.57
2007	12.47	2.07	85.46	36.17	63.83
2008	11.54	1.69	86.76	35.54	64.46
2009	10.85	1.71	87.44	35.30	64.70
2010	10.98	1.37	87.66	33.05	66.95
2011	12.57	1.10	86.33	32.90	67.10
2012	11.92	1.08	87.00	31.36	68.64
2013	5.72	1.03	93.25	30.04	69.96
2014	4.93	1.03	94.04	29.19	70.81
2015	3.98	1.03	94.99	28.71	71.29
2016	3.94	0.98	95.08	28.67	71.33
2017	1.54	0.93	97.53	27.16	72.84
2018	0.48	0.65	98.87	24.93	75.07

资料来源：《广西统计年鉴2019》。

（三）企业规模结构特征识别

近年来，广西出台“41条”降成本等政策，有力地促进了工业企业实力的增强和规模结构的转变，2018年规模以上工业企业达到6058个，工业发展呈现持续增长态势。但广西工业经济运行中还存在不少不容忽视的问题，这些问题的形成既是广西工业企业内在发展动力不足，也是新常态下广西工业行业适应力不足的表现。

1. 规模企业数量少

2018年广西规模以上工业企业数达到6058家，比2015年规模以上工业企业数提高11.8个百分点。而2018年广东规模以上企业数为47456家，与广东比较可以看出，广东规模以上企业数是广西的7.8倍。其中，2018年广西规模以上工业仅占全国（378440）的1.6%。根据中国企业联合会、中国企业家协会发布的2018中国制造业企业500强榜单，广西入围中国制造业企业500强的企业达到10家，较上年增加1家，广西正润发展集团有限公司首次入围，但与山东（79

家）、浙江（77 家）、江苏（48 家）等地区相比，依然有很大差距，且入围企业主要集中在传统制造领域。

2. 结构层次较低

合理的工业结构是工业稳定发展的重要支撑因素，是实现宏观经济持续、稳定、协调发展的基本条件。广西工业转型升级受制于其自身的弱性结构。其中，2010 年以来，广西规上工业企业为 6583 家，直接锐减至 2018 年的 6058 家。从大中型企业数来看，2018 年广东大中型企业数为 10234 家，是广西（1418 家）的 7.22 倍。无论是大中小型企业数量还是工业总产值，广西与广东都相去甚远。总的来看，广东真正形成了大企业顶天立地、中小企业铺天盖地的发展格局。

（四）企业研发创新特征识别

近年来，广西大力实施创新驱动发展战略，工业企业研发活力加速释放，研发实力得到提升，但仍面临研发投入不足、产学研合作亟待强化等问题。因此，如何运用创新思维激发科技创新内生动力，强力驱动工业经济转型升级，是广西产业转型升级实现弯道超车必须思考的关键问题。

1. 研发人员投入的总量和结构

2018 年，广西规模以上工业企业研发人员折合全时当量 17227.61 人·年，其中研究人员 6481.7 人，占全部研发人员的 30.9%。

分规模看，大型企业研发人员折合全时当量 145241 人·年，同比增长 8.7%，占全部工业企业研发人员折合全时当量的比重为 81.9%。

2. 研发经费支出总量和结构特征

2018 年，广西工业企业共实现研发经费[①]内部支出 89.1 亿元，同比增长 7.5%[②]；开展研发活动的企业 485 个，如表 4－10 所示。

2018 年广西工业企业 R&D 经费投入 89.10 亿元，比 2013 年增长 9.1%。R&D 经费投入强度（R&D 经费投入与营业收入之比）0.51%，比 2013 年提高 0.04 个百分点。

分规模看，大中型企业为中坚力量，R&D 经费投入所占比重大，投入持续性强且稳定。2018 年大中型工业企业 R&D 经费投入 80.11 亿元，占全部工业企业 R&D 经费投入的 89.9%；研发投入强度 0.74%。

① 研发经费支出是国际上通用的衡量企业研发投入水平的重要指标，是企业自主创新的物质保障。

② 根据欧盟委员会发布的《2017 年全球企业研发投入排行榜》，中国企业华为以 104 亿欧元（约合 897 亿元人民币，占销售收入的 14.9%）超过苹果（95 亿欧元），排名全球第六、中国第一，是唯一进入 TOP 50 的中国企业。

表 4－10　2018 年广西工业企业研发投入主要指标及增速

指标名称＼年份	2018	2015
企业数（个）	6058	5511
其中：有 R&D 活动企业数（个）	485	456
主营业务收入（亿元）	2229.32	2040.58
R&D 经费投入强度（%）	0.74	0.38
R&D 经费内部支出合计（万元）	891031.1	769189.7
R&D 经费外部支出合计（万元）	47122.6	37009.3
R&D 项目数（项）	2884	2397
R&D 项目经费内部支出（万元）	835709.9	737793.9

资料来源：《广西统计年鉴 2019》。

分行业看，汽车制造业投入总量位居各行业之首。在各类行业中，R&D 经费投入在亿元以上的有 13 个，其中，10 亿元以上的仅有汽车制造业、黑色金属冶炼和压延加工业，分别为 26.43 亿元、11.73 亿元，占全部工业企业 R&D 经费的 42.8%；5 亿～10 亿元的有有色金属冶炼和压延加工业、专用设备制造业、通用设备制造业，分别为 8.98 亿元、7.87 亿元、7.09 亿元。R&D 投入强度达 1.00% 以上的行业有 9 个，其中达到 2.00% 以上的有通用设备制造业、专用设备制造业、仪器仪表制造业，分别为 2.42%、2.19%、2.08%，比 2013 年增加 2 个。

分控股情况看，国有控股企业投入总量最大，外商控股企业投入强度最高。2018 年工业国有控股企业 R&D 经费投入 45.70 亿元，占比 51.3%。外商控股 R&D 经费投入强度 1.54%，其余控股情况企业的投入强度均在 1.0% 以下。

从研发投入主要指标总量和增速对比看，2018 年广西工业企业研发投入实现稳定增长，但研发整体水平仍明显偏低，主要是由于企业主营业务收入增速不断加快的情况下，研发经费投入的增速不能相应增加所致，说明广西大部分工业企业仍然只注重短期效益，缺乏长远创新发展目标。

3. 发明专利总量和结构特征

2018 年，广西壮族自治区获得国家专利 4345 项，减少了 5%。其中南宁市的专利最多，达 1500 多项；其次是桂林市、柳州市、玉林市、北海市、梧州市、百色市、河池市，均超过 100 多项；其余地区的专利数量都较少。广西壮族自治区的专利研发在地理分布上是不均衡的。整体来看，广西壮族自治区的发明专利主要分布在南宁市、桂林市、柳州市，三个市共占广西壮族自治区专利数量的 71%。

第五章　基于高质量发展的广西工业化进程研究

党的十八大以来，在以习近平同志为核心的党中央坚强领导下，广西坚定不移贯彻新发展理念，坚持走新型工业化道路，实施工业强桂战略，深入推进工业供给侧结构性改革，工业总量实现翻番，工业结构持续优化，工业园区实现全覆盖，两化融合水平居西部前列，产值超千亿元的工业产业达到10个，工业化进程进一步加快，为推动工业高质量发展奠定了良好基础。但必须看到，广西后发展欠发达的基本区情没有得到根本改变，工业总量偏小，排位徘徊不前；断层缺位严重，新旧动能接续乏力；结构性矛盾突出，产业发展不平衡；质量效益低，竞争能力弱；工业主导和开放创新意识不强，营商环境亟待优化等问题非常突出。

党的十九大做出了“我国经济已由高速增长阶段转向高质量发展阶段”这一历史性判断，高质量发展成为新时代下做好经济工作的根本要求。推动工业高质量发展，是贯彻落实党的十九大精神和习近平总书记视察广西重要讲话精神、扎实推动经济持续健康发展的必然要求，是适应社会主要矛盾变化、实现与全国同步全面建成小康社会的必然要求，是建设现代化经济体系、追赶全国现代化建设步伐的必然要求，是从“数量扩张”转向“质量提升”、“要素驱动”转向“创新驱动”的必然要求。进入新时代，工业高质量发展迎来了难得的历史性机遇，我们有中国共产党的坚强领导政治优势，有不可替代的区位优势、丰富多样的资源优势、多重叠加的政策优势、互联互通的交通优势、山清水秀的生态优势，有民族团结、社会安定的发展环境，有多年发展工业积累的丰富经验，有旺盛的市场需求，有条件有能力推动工业高质量发展。必须立足区情实际，充分认识推动工业高质量发展的重大战略意义，把思想和行动统一到中央重大决策部署上来，切实增强紧迫感、危机感、使命感、责任感，以更坚定的决心、更明确的目标、更有力的举措，推动质量变革、效率变革、动力变革，确保实现工业高质量发展。

为推动广西工业高质量发展，2018 年 5 月，广西在全国较早召开了工业高质量发展大会，提出要实施工业强桂战略，聚焦推动传统产业二次创业、大力发展战略性新兴产业、加快振兴轻工业三大任务，力争到 2020 年，初步形成工业高质量发展新体系；到 2025 年，工业发展总体达到全国中上水平。同时，广西出台了《关于推动工业高质量发展的决定》和《广西工业高质量发展行动计划（2018～2020 年）》，制定印发了《自治区工业和信息化厅自治区绩效办关于印发〈广西工业高质量发展考核评价实施方案（试行）〉的通知》（桂工信政法〔2018〕955 号）、《广西工业高质量发展基金设立方案》、《关于鼓励建立广西重点工业企业专项转贷资金机制的指导意见》、《广西壮族自治区工业和信息化厅 广西壮族自治区科技厅 广西壮族自治区财政厅关于广西民营企业项目竣工投产奖励的通知》（桂工信规范〔2018〕6 号）4 个推进工业高质量发展的配套文件和汽车、工程机械及内燃机、木材加工及造纸、钢铁、锰、碳酸钙、铝精深加工、粮油加工、石化化工等 12 条产业集群及产业链发展方案。召开推进柳州市工业高质量发展建设现代制造城会议、广西先进装备制造城（玉林）建设推进大会等，推动全区按照培植“工业树”、育护“产业林”发展思路，着力强龙头、补链条、聚集群、抓创新、创品牌、拓市场，加快构建现代化工业体系，坚决破除制约工业发展的机制障碍，推动工业创新绿色高效发展，推进工业迈向高质量发展新征程。

一、工业高质量发展的内涵及意义

（一）推动广西工业高质量发展的意义

1. 新主题：高质量发展是经济社会发展新阶段的主题

党的十九大对我国经济社会做出了新的判断，我国经济已由高速增长阶段转向高质量发展阶段，正处在转变发展方式、优化经济结构、转换增长动力的攻关期，要把高质量发展作为当前和今后一个时期确定发展思路、制定经济政策、实现宏观调控的根本要求。这既是党中央对我国发展条件和发展阶段变化的重大判断，也是对做好当前和今后一个时期经济工作的总体要求。我们要深刻领会和把握中央精神，千方百计推动经济高质量发展，不断增强经济创新力和竞争力。

2. 主力军：工业高质量发展是实现经济高质量发展的主力军

习近平总书记视察广西时强调，必须发展实体经济，不断推进现代化、提高制造业水平，不能脱实向虚。在推动产业优化升级下功夫，在转变发展经济方式上下功夫，在提高创新能力上下功夫，在深化改革开放上下功夫，走出一条创新驱动发展的路子来，开创经济发展新境界。习近平总书记的重要指示，为我们坚定不移抓工业，加快推动工业高质量发展指明了方向、提供了根本遵循。广西要做强实体经济，必须做强工业经济；广西要建设现代化经济体系，必须建设现代化工业体系；广西要推动经济持续健康发展，必须推动工业持续健康、高质量发展。

3. 新环境：外部环境倒逼工业高质量发展

第一，新一轮科技革命和产业变革正在加速孕育、集聚迸发，世界工业发展到了新的重大历史关口。第二，发达国家纷纷实施“再工业化”战略，试图重塑制造业竞争优势，一些发展中国家也在加快谋划布局，积极参与全球产业再分工。第三，各地纷纷加快工业高质量发展步伐，浙江、广东、江苏等地先行引领，安徽、江西、四川、陕西等中西部地区全力跟进，工业互联网和民营经济等成为高质量发展的“关键词”。江西省实施工业强省战略推动工业高质量发展，江苏省推动开放型经济高质量发展，浙江省加快发展工业互联网促进制造业高质量发展，山东省支持民营经济高质量发展，都在努力争创新一轮工业发展新优势。

总体来看，进入新时代，工业高质量发展迎来了难得的历史性机遇，广西有国家战略全覆盖的重大历史机遇，有党的坚强领导政治优势，有不可替代的区位优势、丰富多样的资源优势、多重叠加的政策优势、互联互通的交通优势、山清水秀的生态优势，有多年发展工业积累的丰富经验，有旺盛的市场需求，有条件有能力推动工业高质量发展。因此，工业是实体经济的主体和建设现代化经济体系的着力点，推动工业高质量发展是实现广西经济高质量发展的应有之义和必由之路。

（二）广西工业高质量发展的基本内涵

国内专家学者对“高质量”发展进行了研究，并主要集中在有关经济社会高质量发展方面上，对高质量发展形成了基本认识。

工信部部长苗圩在中国发展高层论坛上提出制造业高质量发展要以深化供给侧结构性改革为主线，坚持质量第一、效益优先、全面实施制造强国和网络强国战略，推动制造业质量、效率、动力的三大变革①。加快制造业高质量发展的步

① 苗圩. 制造业推动经济高质量发展的关键［N/OL］. 人民网，2018－03－26.

伐，着重抓好三大任务和六个方面①。

国家发展改革委副秘书长范恒山在“迈向高质量发展的中国经济”主题年会中提出高质量发展意味着供给和需求更加平衡、资源要素配置更加高效、经济结构更加优化、收入分配更加公平、人民生活更加美好。

表 5－1　范恒山认为高质量发展应具有的 5 个内涵

5 个内涵	具体内容
供给和需求更加平衡	高质量发展的供给体系和供给质量要有效适应多样化个性化需求。供给侧，要有较为完整的产业体系作为基本支撑，生产组织方式实现网络化、智能化，创新力、需求捕捉力、品牌影响力、核心竞争力强，产品和服务质量和附加值高。需求侧，高水平的供给体系和供给质量能够不断满足人民群众个性化、多样化、不断升级的需求，这种需求又引领供给体系和结构的变化，供给变革又不断催生新的需求
资源要素配置更加高效	效率是高质量发展的核心标准，高质量必然伴随着高效率。不断提高劳动、资本、土地、资源、环境等效率，需要在不断完善有利于资源要素有序流动和市场化配置机制的同时，更加注重发挥科技创新的作用，切实增强自主创新能力，不断提高劳动生产率、增量资本产出率、全要素生产率
经济结构更加优化	经济结构转型升级是高质量发展的重要标志，也是高质量发展的基本路径。高质量发展要使产业结构、需求结构、城乡区域结构等不断优化。要加快产业结构迈向中高端，进一步提高产业体系竞争力。要促进需求结构继续优化，进一步发挥消费对经济发展的基础性作用和投资对优化供给结构的关键性作用
收入分配更加公平	公平有序的收入分配格局是高质量发展成果的重要体现。高质量发展本质上要求在初次分配过程中，劳动、资本、技术等各类要素能够根据各自贡献获得合理回报，要实现投资有回报、企业有利润、员工有收入、政府有税收。在再分配过程中，要更加注重公平，最终形成科学有序的分配关系和公平合理的分配格局
人民生活更加美好	坚持在发展中保障和改善民生，在发展中补齐民生短板，实现更高质量和更加充分的就业；坚持居民收入增长与经济发展同步、劳动报酬增长与劳动生产率提高同步，拓宽居民劳动收入和财产性收入渠道；全面建成覆盖全民、多层次的社会保障体系

①　三大任务是指调整优化制造业的产业结构；大力发展创新设计、科研开发等生产性服务业；适应消费升级的需要，全面提升产品的质量、服务的质量，注重品牌建设。六个方面包括：完善制造业的创新体系，加快发展先进制造业，促进制造业区域协调发展，加强制造业质量品牌的建设，营造有利于制造业高质量发展的良好环境，进一步提升制造业开放水平。

国家发改委宏观经济研究院研究员林兆木（2018）在《人民日报》(海外版）中提出高质量发展，意味着创新成为第一动力的发展、绿色成为普遍形态的发展、经济重大关系协调顺畅的发展、坚持深化改革开放的发展、共享成为根本目的的发展。

表 5－2　林兆木认为高质量发展应具有的 5 个内涵

5 个内涵	具体内容
创新成为第一动力的发展	推进动力变革，要加强国家创新体系建设，深化科技体制改革，建立以企业为主体、市场为导向、产学研深度融合的技术创新体系
绿色成为普遍形态的发展	在全社会树立绿色发展理念，加快形成促进绿色发展的政策导向、体制机制和法律法规，发展绿色金融，促进节能环保、清洁生产、清洁能源等绿色产业发展，倡导绿色出行等绿色消费方式，健全绿色低碳循环发展的经济体系
经济重大关系协调顺畅的发展	健全财政、货币、产业、区域等经济政策协调机制。加快建立现代财政制度，控制地方政府隐性债务风险。深化金融体制改革，提高直接融资比重，稳定宏观杠杆率，健全金融监管体系，守住不发生系统性金融风险的底线
坚持深化改革开放的发展	深化要素市场化改革。完善产权制度，实现产权有效激励，进一步激发全社会创造力和发展活力。要加快完善社会主义市场经济体制，使市场在资源配置中起决定性作用，更好地发挥政府作用，进一步扩大对外开放，推动形成全面开放新格局
共享成为根本目的的发展	高质量发展的出发点和根本目的是持续增进人民福祉。高质量发展要更好满足居民消费升级需要，同时实现公共服务供给数量、质量和均等化水平进一步提高，教育、医疗达到先进水平，住有所居、就业和收入机会均等、福利公平成为普遍状态，人民群众获得感幸福感普遍较高

中信银行（国际）首席经济学家廖群提出高质量发展，是更以人民为中心的发展、是更为平衡的发展、是更低风险的发展、是更以创新驱动的发展、是更高经济结构水平的发展。宏观经济结构中投资比重依然过大，消费比重仍有待提高是更高经济效益的发展、是更加绿色的发展。

冯人綦、曹昆（2017）认为“高质量发展”① 就是能够很好满足人民日益增长的美好生活需要的发展，是体现新发展理念的发展，是创新成为第一动力、协调成为内生特点、绿色成为普遍形态、开放成为必由之路、共享成为根本目的的发展。

① 冯人綦，曹昆．牢牢把握高质量发展这个根本要求［N］．人民日报，2017－12－21.

表 5-3 廖群认为高质量发展应具有的 7 个内涵

7 个内涵	具体内容
更以人民为中心的发展	更直接进而更迅速地造福于人民，包括更好的教育、更稳定的工作、更满意的收入、更可靠的社会保障、更高水平的医疗服务、更舒适的居住条件、更优质的环境与更丰富的精神文化生活
更为平衡的发展	解决人与人之间的贫富差距，城乡之间的生活差距，地区与地区之间的发展差距，不同所有制企业之间的竞争性差距，经济、产业与产品供需之间的结构性不匹配等不平衡
更低风险的发展	降低房地产市场风险、债务风险、资本市场风险以及社会稳定性风险等，尤其是系统性金融风险。防止风险发展成为经济、金融或社会危机，是保证今后经济持续发展的重要前提
更以创新驱动的发展	进一步从旧的劳动力与资本驱动的模式转向新的以创新驱动的模式，以站在第 4 次工业革命的前列
更高经济结构水平的发展	产业结构中传统行业仍占多数，新兴行业不够壮大；国有企业依然占主导，民营企业仍居下风；中低技术为主流，高新技术仍在发展之中
更高经济效益的发展	提高宏观层面的人均 GDP、劳动生产率、全要素生产率与投入产出率，中观层次的能源/资源消耗率、产能利用率、资金使用效率与科研转化率，微观角度的人均产量、产品销售率、销售利润率与中高产品占比等
更加绿色的发展	确保经济向绿色方向发展对于我国经济的持续增长及为子孙后代留下一个美好的生活环境都具有特殊与不可低估的意义

王军（2017）提出“高质量发展”内涵主要包括六个方面①：一是经济发展要持续健康，而无须追求过高速度，这是高质量发展的前提和基础；二是社会民生要有持续明显的改善，这是高质量发展的内在要求；三是生态文明建设要提供更多优质生态产品以满足人民日益增长的优美生态环境需要，这是高质量发展的时代主题；四是宏观调控要更加强调政策的连续性、稳定性与协同性，这是高质量发展的实现手段；五是新时代下继续深化供给侧结构性改革，重点在“破”“立”“降”上下功夫，这是高质量发展的动力支撑；六是防范化解重大金融风险要重点突出、内外并举，这是高质量发展必备的金融环境。

① 王军．准确把握高质量发展的六大内涵［N］．证券日报，2017-12-24.

党的十八大以来，党中央从经济社会发展实际出发，先后对经济社会发展做出“三期叠加”“从高速转向中高速”“新常态”等一系列重要判断，党的十九大提出的“高质量发展”是对上述系列重要判断的凝练和提升，与“创新、协调、绿色、开放、共享”五大发展理念是一脉相承的，是对“新常态”判断的跨越，是一个战略性、方向性、全局性的重大判断。目前，国家对高质量发展进行了顶层设计，但是从工业发展角度而言尚未形成统一的工业高质量发展内涵。对广西工业高质量发展而言，要立足产业、区位、创新、人才等基础条件，紧扣支柱产业低端低效、轻工产业断层缺位、新旧动能接续乏力等关键问题，要实现广西工业高质量发展，就是要实现创新能力更强、融合程度更深、供给质量更高、产业结构更优、经济效益更好、资源消耗更少的工业发展。

表5-4　广西工业高质量发展内涵

涵盖领域	主要内涵
创新能力更强	就是科技活力充分释放，新技术、新产业、新业态、新模式蓬勃发展，创新发展能力和加工制造能力显著提升
融合程度更深	就是两化融合程度，第一、第二、第三产业协同发展，产城良性互动，军民融合发展，企业互联互补，产业互融互促
供给质量更高	就是符合产业和消费升级方向，产品质量和服务质量大幅提升，中高端供给和有效供给增多，不断满足新时代人民群众生产生活的新需求
产业结构更优	就是供给侧结构性改革深入推进，工业结构深刻调整，产业集聚明显提高，轻重失衡、高低失衡、新旧失衡状况根本扭转，新旧动能接续顺畅
经济效益更好	就是工业企业盈利持续向好，劳动就业不断扩大，财税持续稳定增收，综合效益明显提升，工业经济迈向价值链中高端
资源消耗更少	就是资源能源节约高效利用，清洁生产全面施行，节能降耗成效明显，可持续发展能力显著增强，实现绿色发展、循环发展、低碳发展

二、广西工业高质量发展的战略思路

（一）新时代下工业高质量发展的功能地位

在实体经济发展的逐步回归和信息化与制造业深度融合背景下，未来以工业发展为代表和支撑的实体经济发展在国民经济和社会发展中的地位和作用将更加突出、更加重要。工业高质量发展的战略功能将重点体现在五大方面：一是工业高质量发展的经济功能。工业是国民经济的关键构成部分，工业高质量发展是实现经济高质量发展的关键支撑，高质量的工业发展将提供更具科技含量、更加生态环保的经济财富，实现国民经济的持续健康增长。二是工业高质量发展的创新功能。企业是推动科技创新的主体，企业高质量发展是实现产业协同创新的关键环节，高质量的工业发展将构建更具竞争力、更具活力的发展环境。三是工业高质量发展的社会功能。工业是社会生产力的组成部分，工业高质量发展是提升社会生产能力的关键因素，高质量的工业发展将创造更加美好、更加多样的新供给。四是工业高质量发展的生态功能。生态工业是工业高质量发展的根本之路，构建良好的生态环境是推动工业可持续发展的重要条件，高质量的工业发展将提供更加环保、更加绿色的生态环境。五是工业高质量发展的民生功能。工业是实现脱贫攻坚的高效途径，工业高质量发展是实现脱贫致富的根本出路，高质量的工业发展将创造更多的就业岗位。

（二）实现工业高质量发展的总体思路

对工业高质量发展的设定，首先应当从以下三个方面进行理解：

1. 要坚持以供给侧改革为主线

当前全区工业发展下行压力增大、后劲不足，很大因素是工业发展存在工业产品低端低效低质、生产技术落后、要素成本偏高等问题。新时代，要实现做大总量规模、保证发展质量、优化产业结构、提升产品层次、提高综合效益的工业高质量发展要求，以供给侧改革为主线是必然的要求。就是要以产业结构调整为主攻方向，抓新整旧，形成一批高附加值、高技术含量和市场潜力大的工业精品；以产业技术创新为根本途径，着力提高工业全要素生产率，加快形成工业发展的新动能，提升工业供给质量和效益。

2. 要把创新作为工业高质量发展的第一动力

对工业的高质量发展而言，新时代应积极关注三个方面的创新。一是推进产品创新升级。大力开展技术创新和技术改造，提升智能制造水平，鼓励企业开发新产品，加大质量品牌建设，提升产品品质和市场竞争力。二是推进管理和营销模式创新。企业家应树立互联网思维，推进企业扁平化管理，推行线下体验和宣传推广产品、线上卖产品的经营模式。三是推动投融资方式创新。搭建投融资平台，发挥财政资金杠杆作用，引导银行业金融机构、非银行业金融机构和社会资本，投资以工业为重点的实体经济。鼓励企业多渠道融资，推进建立现代企业制度，推行企业股改。

3. 要把践行新发展理念和实现三个变革作为高质量发展的总体目标

高质量发展是一个综合性的概念，涉及多个层面。新发展理念和三大变革（质量变革、效率变革、动力变革）是实现高质量发展的最直接表现。要践行新发展理念和实现三个变革，对于广西而言，要努力推进工业发展从劳动密集型向技术密集型转变、从资源消耗型向绿色集约型转变、从规模扩张型向质效提升型转变、从中低端发展向中高端发展转变、从投资驱动型向创新驱动型转变，以此响应国家提出的高质量发展要求。

实现工业高质量发展的总体思路应当是：全面贯彻党的十九大和十九届二中、三中、四中、五中全会精神，以习近平新时代中国特色社会主义思想为指导，深入贯彻落实习近平总书记视察广西重要讲话精神，坚持稳中求进工作总基调，坚持新发展理念，把握高质量发展这一根本要求，紧紧围绕统筹推进“五位一体”总体布局和协调推进“四个全面”战略布局，深入实施制造强国、网络强国战略，以供给侧结构性改革为主线，持续推进“工业强桂”战略，着力“强龙头、补链条、聚集群”，着力抓创新、创品牌、拓市场，着力提升传统产业、壮大新兴产业、振兴轻工业，着力提升智能化、数字化、网络化水平，着力破除制约工业发展的机制障碍，加快推动新旧动能转换，实现工业创新绿色高效发展，努力构建供给质量更高、要素结构更优、创新创业更活的工业高质量发展体系，奋力谱写新时代广西工业发展新篇章。

（三）实现高质量发展的总体目标考虑

根据党的十九大对新时代经济社会发展由高速增长阶段转向高质量发展阶段的判断，党中央、国务院对经济高质量发展的总体部署，必须坚持质量第一、效益优先，以供给侧结构性改革为主线，推动经济发展质量变革、效率变革、动力变革，提高全要素生产率。结合上海、广东、江西、贵州、四川、安徽、浙江等省份对工业高质量的总体部署及考虑，构建广西工业高质量发展指标体系，必须准确把握广西工业高质量发展内涵，衔接制造强国和网络强国战略及工信部对推动工业高质量发展的相关部署和要求。从广西工业发展动力不足这个最核心问题入手，围绕新动能、智能化、绿色化，在坚持总量壮大和效率提升的前提下，广西工业高质量发展指标体系应着重体现三个方面：

一是质量变革。新动能得到进一步壮大，成为工业高质量发展的主要动力，主要发展目标和评价指标包括：战略性新兴产业增加值占规模以上工业增加值的比重，高技术产业增加值占规模以上工业增加值的比重；大中型企业研发投入占主营业务收入比重，国家级企业技术中心，每个千亿元产业建设创新平台，轻工业比重等。

二是效率变革。智能化水平进一步提升，企业生产能力得到改善，主要发展目标和评价指标包括：产业园区智慧化改造比例，规模以上工业企业工厂智能化改造比重，企业上云数量，两化融合工业应用指数等。

三是动力变革。产出效率大幅提升，绿色发展得到强化，主要发展目标和评价指标包括：工业增加值率，规模以上工业单位增加值能耗，单位工业增加值二氧化碳排放，固体废弃物综合利用率，绿色园区比重等。

三、广西工业高质量发展的战略重点

工业是实体经济的核心，是国民经济的主导力量，是新常态下稳就业、增收入的重要支撑。工业稳则经济稳，工业强则国家强，加快发展迎头赶上的根本动力最终得依靠产业。工业要在不断变革的时代环境下取得新的突破，新旧动能接续有效转换是关键。对于广西而言，新旧动能转换需加快提升传统产业精深加工能力，大力发展新兴产业，加快建立高端智能制造体系，鼓励制造企业向服务型制造转变，提升高端高质高效供给能力，着力优化产业结构，重点解决传统产业不强、新兴产业薄弱、动能接续乏力等问题，实现新旧动能转换促进工业高质量发展目标。

（一）优化提升传统动能

传统产业是广西工业根基，加快推进传统产业改造升级，优化提升传统动能，是新旧动能转换的关键所在和广西工业高质量发展的主要路径，既是当务之急，更是长远大计，事关广西经济社会发展大局。

1. 总体方向

围绕供给侧结构性改革主线，在去产能中减存量、优增量，研发新技术、开发新产品、开辟新市场。运用新技术和先进实用技术改造提升传统动能，实施制造业技改工程、机器换人工程，推动汽车、机械、铝、冶金及有色金属、石化、糖业等传统优势产业转型升级，着力打造具有核心竞争力和区域竞争力的产业集群。在做大做强原有体系的同时，培育新的增长点，振兴发展轻工业，着力填补消费品工业的空白领域，提升农副产品就地精深加工能力，推动轻重工业协调发展。

2. 浙江、重庆、四川、安徽优化提升传统动能的做法和启示

（1）浙江省：推进供给侧结构性改革，优化工业发展环境。一是减税降负，从研发费用加计扣除到研发产品增值税即征即退，企业享受研发费用加计扣除优惠税额从2011年的28.1亿元增加到2016年的84.4亿元。二是实施“四换三名”[①] 政策，打破阻碍落后产能淘汰“坛坛罐罐”，为优质企业、重点项目腾出发展空间。三是打出“小镇牌”，突破性创建省级特色小镇，在特色小镇范围内实施先行先试的改革试点。四是强化两化融合，出台《浙江省两化深度融合国家示范区建设2017年工作方案》等文件，在企业和产品层面推进“五化并进”[②]式改造升级，促使工艺技术改进、产品升级换代。

（2）重庆市：推动技术、产业升级带动传统产业的转型升级，提升产业的市场竞争力。一是实施技术改造工程。出台《关于鼓励企业加大研发投入推动产业转型升级发展的通知》等文件，启动近百项技术改造项目，鼓励企业加大“四新”改造投入。二是加快构建绿色制造体系。出台《重庆市绿色制造体系建设实施方案》等文件，开展绿色制造试点示范和汽车、电子等行业绿色供应链示范，推动海装风电、大江美利信等项目获得国家立项，在大气污染重点行业实施清洁生产改造项目。三是深入去产能。出台《关于印发重庆市钢铁煤炭行业化解过剩产能专项奖励资金管理实施细则的通知》等文件，去除“地条钢”产能、封闭煤矿、去煤炭、水泥产能，处置“僵尸”企业。四是持续实施智能制造工程。推动新能源汽车、高端医疗器械等项目落地，开展手机及笔电企业智能制造对接。

（3）四川省：强化土地、资金、技术三大保障，助推产业的升级发展。一是采取“一区多园”模式，实施园区创新改革发展工程，建设一批航空航天、信息安全、轨道交通等特色化、专业化园区。二是实施新一轮技术改造，出台《关于加强企业技术改造的实施意见》等文件，深入开展消费品工业“三品”专项行动。三是实施“降成本”专项工程，减轻要素、物流成本负担。四是设立产业引导基金，出台《四川省产业发展投资引导基金管理办法》等文件，设立工业科技、军民融合、创新创业等各类产业发展投资引导基金20余只，形成具有地方特色的较为完善的政府投资引导基金体系。

（4）安徽省：发布和落实发展导向，引导原有产业转型发展。一是以市场

---

① “四换三名”是指腾笼换鸟、机器换人、空间换地、电商换市和培育名企、名品、名家。

② “五化并进”是指工业设计信息化、装备产品智能化、生产过程自动化、营销模式网络化、全面管理信息化。

需求为导向，按照多样化、特色化发展，开辟市场新需求。二是以技术革新为导向，坚持改革、改组、改造相结合，不断推进技术、产品、管理创新，持续促进产品、企业、产业升级。三是以融合发展为导向，实施传统产业上下游企业兼并、重组融合，高新技术嫁接改造方式的传统产业与高新技术产业的融合，云计算、大数据、电商化渗透方式的传统产业与智能化融合。四是以产业集聚为导向，依托资源条件、产业基础和龙头企业，建设发展特色鲜明、集中度高、关联性强、市场竞争优势明显的产业基地、产业集群。五是以价值链攀升为导向，促进传统产业工艺流程、产品、链条升级，向价值链的中高端攀升。

表5－5　浙江、重庆、四川、安徽推动产业转型升级的政策措施

地区	主要措施	相关政策文件
浙江	减税降负、实施“四换三名；创建“特色小镇”，强化两化融合	《浙江省两化深度融合国家示范区建设2017年工作方案》《关于加强企业管理创新工作的指导意见》
重庆	实施技术改造工程、构建绿色制造体系、深化去产能、实施智能制造	《关于鼓励企业加大研发投入推动产业转型升级发展的通知》《重庆市绿色制造体系建设实施方案》《关于印发重庆市钢铁煤炭行业化解过剩产能专项奖补资金管理实施细则的通知》《重庆市工业龙头企业采购本地配套产品奖励试行办法》
四川	建设“一区多园”“园中园”特色园区、实施新一轮技术改造、实施“降成本”专项工程、发起设立产业引导基金	《关于加强企业技术改造的实施意见》《四川省产业园区创新改革发展规划（2016—2020年）》《四川省产业发展投资引导基金管理办法》《四川省省级产业发展投资引导基金财政出资预算管理暂行办法》
安徽	以市场需求、技术革新、融合发展、产业集聚、价值链攀升为导向推进传统产业改造提升	《传统产业改造提升工程实施方案》《关于金融支持服务实体经济发展的意见》《关于充分利用多层次资本市场着力调结构转方式促升级的意见》《关于推进普惠金融发展的实施意见》《关于加快建设金融和资本创新体系的实施意见》

资料来源：根据浙江、重庆、四川、安徽等地方部门文件及报告材料整理。

（5）对广西优化提升传统产业的启示和借鉴。

通过学习发达地区和先进省市的成功经验和有效做法，广西应从以下方面着手优化提升传统产业。

一是深化“两化融合”带动传统产业转型升级。浙江、安徽等地通过新旧产业的交互作用、融合渗透、逐步创造出全新的产业体系，完成产业结构转型升级。广西应注重互联网与传统产业的跨界融合，引导传统产业应用云计算、大数据等技术，创新营销模式，带动传统产业向智能化、数字化、网络化发展。

二是凝心聚力扶持企业，突出“技术改造创新”的核心作用。重庆、安徽等将技术改造创新摆在突出位置，推动以供给侧结构性改革为核心的产业创新。广西应鼓励优势支柱产业向价值链中高端延伸，培育新链条、新业态，实施技改工程、机器换人工程，提升优势产业的技术水平、产品创新能力。

三是创建产业特色小镇和现代园区，促进产业集聚发展。选取资源条件、产业基础优势区域试点示范，借鉴浙江等地做法，打造产业小镇和现代园区，主动承接产业转移，推动产业集聚发展。借鉴四川、重庆等地做法，组建广西产业发展基金，引导特色优势产业集聚升级发展。

四是谋划实施技术改造项目，激发传统动能提升。围绕资源深度转化精准谋划、实施重点工业项目技术改造升级工程。鼓励企业加大技术改造、技术创新投入，在有色金属、石化、建材、食品等资源型产业链延伸上下功夫，提高资源精深加工比重。

（二）培育壮大新兴动能

当前，新一轮科技革命和产业变革孕育兴起，全球分工体系和竞争格局加速重构。必须紧紧把握这一历史契机，培育壮大新兴动能，用新动能推动新发展。培育壮大新兴动能，是应对迎接新一轮科技革命和产业变革的战略选择，是推进供给侧结构性改革的现实需要，也是实现工业高质量发展的必由之路。

1. 总体方向

新兴产业是新动能的主要载体和主导力量，聚焦新兴产业创造新动能，既要培育发展前景广阔的新兴产业，也要化解落后产能、运用新技术改造提升传统产业，实现“老树发新枝”，促进社会生产力整体跃升。紧紧抓住新一代信息技术和互联网技术、数字智能制造等带来的新一轮产业革命契机，培育壮大新动能，重点发展新一代信息技术、高端装备制造、新能源汽车、生物医药、新材料、节能环保、生产性服务业等新兴产业，培育一批新兴产业集群，集中力量打造一批新兴产业专业平台和载体，夯实新兴产业基础，强化工业发展新动能。

2. 安徽、四川、浙江、贵州及江苏培育壮大新动能的做法

（1）安徽省：以科技研发创新为支撑，积极做好新兴产业的培育工作。一是围绕“把核心技术掌握在自己手中”，切实加强科技创新能力建设，建设综合性国家科学中心、国家实验室和国家级工程技术研究中心。二是抓创新型试点省

和合芜蚌试验区平台建设，做好项目承接转移。三是抓新兴产业基地、新兴产业专项建设，促进新兴工业产品产量高速增长，实施亿元以上工业技术改造工程。四是落实“调转促”行动计划，从完善公共服务平台、增强重大项目支撑、优化规划政策引领、强化自主创新驱动以及资源要素保障等方面推动新兴产业基地建设。

（2）四川省：营造适宜新兴产业发展的城市环境，吸引大型企业进驻，带动新兴产业全面发展。一是着力营造具有全球竞争力的营商环境和人文环境，树立了“来了就不想走”的城市品牌，成功地集聚和吸引了人才、科技、资本等新兴产业发展的关键要素。二是从点、线、面三个层次开展创新体系建设。在“点”上开展国家级企业技术中心建设工作，在“线”上建设国家级、省级工程实验室和工程研究中心，在“面”上加快区域创新平台建设。三是打造众创四川平台，推动成都硅谷国际孵化器等建设。

（3）浙江省：强化资金、人才保障，增强产业创新发展的动力。一是设立战略性新兴产业专项资金，用于扶持战略性新兴产业发展。二是设立创新强省专项资金，用于扶持战略性新兴产业领域相关企业的科技创新和人才引进培育。三是设立产业特色鲜明的高新园区，推动新兴产业的垂直整合。四是实施重点企业研究院、重大技术攻关、重点创新团队“三位一体”的新兴产业技术创新综合试点。五是实施“十百千万”科技型企业培育工程，培育国内顶尖、国际一流的创新型领军大企业。六是大规模推进“机器换人”，开展现代化技术改造。

（4）贵州省：聚焦具有核心竞争力的关键产业，推动产业重点突破。一是抢抓数字经济发展机遇，把发展大数据作为优先发展战略，建成全国第一个省级政府数据集聚共享开放的“云上贵州”系统平台、设立全国第一个大数据交易所，举办大数据产业博览会。二是发展以大健康为目标的医药养生产业，把中药现代化发展作为带动全省工业和农业发展的重要结合点。三是把新材料作为战略突破口。四是大力发展以节能环保低碳为主导的新型建筑建材业。

（5）江苏省：强化人才和技术支撑，大力扶持创新型企业。一是省市联动搭建产业发展推介平台，引进一批重大项目、世界一流研究机构和人才团队。二是培育一批省级制造业创新中心，支持行业龙头企业建立研究院、工程技术研究中心等创新平台。三是分类培育骨干企业，通过兼并重组、产业链延伸、商业模式创新等方式，做强一批江苏地标型企业。四是实施专精特新小巨人企业培育计划和小微企业成长培育计划，培育一批占据细分行业市场的“隐形冠军”和“独角兽”企业。五是面向中小企业建设公共技术服务平台三大梯队，培育创新型企业群。

3. 对广西培育壮大新兴功能的启示和借鉴

一是建立完善新动能培育平台。加快技术创新平台建设，鼓励发展创新创业孵化平台，建立一批由龙头企业、中小企业、科研机构组成的产业技术创新联盟。

二是创新园区培育方式。借鉴四川、贵州建立新兴产业园区、产业集群做法，选择一批具有产业基础优势的特色区域建设高新技术产业园区，打破传统的产业培育发展模式，加速形成产业链条，促进新兴产业发展。

三是创新产学研用新模式。借鉴浙江、江苏产业技术研究院探索模式，尽快组建广西产业技术研究院，结合产业发展基础和发展需求，设置相关专业研究所。推行“合同科研”① 和“研发作为产业、技术作为商品”等模式，为企业提供委托合同科研、技术转移、检验检测、人才培训等技术服务，促进研究技术成果的转化和产业化。

四是强化资金配套和基金撬动。建立工业发展资金增长常态机制，建立产业发展投融资平台，引导和鼓励社会投资。建立战略性新兴产业发展基金，支持以社会资本为主，组建较大规模的战略性新兴产业股权投资机构。

（三）推进制造服务转型

服务型制造是制造与服务融合发展的新型产业形态，是制造业转型升级的重要方向。对于广西而言，推动制造业以产品生产为中心向以服务需求为中心的转型是贯彻实施制造强国和网络强国战略的重要途径，也有助于改善当前工业品供给状况，破解当前制造业面临的发展矛盾约束，提高企业竞争力和市场占有率。

1. 总体方向

大力发展面向工业生产的现代服务业，加快推进服务型制造创新发展，推动服务业与工业在更高水平上有机融合，促进产业向价值链高端提升。增强创新设计的引领作用，加快发展产品设计、系统设计、工艺流程设计、服务设计等，大规模推广定制化设计、用户参与设计、网络协同设计、云设计等服务模式。加快打造具有区域特色、东盟元素的工业设计产业发展平台，推动南宁、柳州、桂林工业设计城建设。大力开展信息技术服务，促进工业互联网、云计算、大数据在企业研发设计、生产制造、销售服务等全流程的综合集成应用，提高系统集成服务、产品在线服务、网络化协同制造服务、信息增值服务、工业电子商务等服务水平，鼓励发展在线定制、线上线下等运营模式。提升现代物流服务，完善工业

① 所谓“合同科研”是指科研机构与企业签署合作，为企业特别是中小企业提供研发服务，有助于解决产业发展创新链中“最后一公里”问题。

仓储、冷链物流体系，培育发展第三方大型物流，鼓励运输企业与大型制造企业加强协作。提高协同融合发展水平，强化制造业专业化分工，增强与服务协同能力。深化产融合作，提升本地区产业链、供应链和价值链的竞争力。

2. 广东、福建、四川、安徽推进制造服务转型的做法

（1）广东。以显著提升制造企业整体素质和产品附加值为重点，围绕制造业两端做大做强生产性服务业。一是做强先进制造业产业链“微笑曲线”两端。二是拓展产品增值服务，鼓励制造企业发展集成服务。三是建设专业公共服务平台。支持建设制造业基地配套生产性服务中心，搭建对外开放合作支撑服务平台，深化与港澳台地区的生产性服务业合作。四是打造产业集群化发展载体。支持先进制造业总部基地建设，鼓励世界 500 强企业设立区域性总部或分支机构、研发中心等。

（2）福建。出台了《福建省发展服务型制造实施方案（2017～2020 年）》。一是开展在线支持与诊断服务。集成运用新一代信息技术，建立远程监控、诊断与控制系统以及综合数据服务平台。二是推进主辅分离，提供专业化、社会化服务。通过业务流程再造和商业模式创新，将生产流程中的非核心但具有比较优势的原料采购、研发设计、咨询管理、物流运输等环节从原企业分离出来。三是培育制造业共享经济。鼓励制造企业充分利用信息通信技术，突破研发设计、生产制造、销售服务的资源边界和运营边界，推动生产和消费、制造和服务、产业链间全面融合。

（3）四川。以服务型制造示范企业、典型案例、聚集基地及示范城市的推广培育为抓手，鼓励制造企业以满足市场需求为中心。一是鼓励定制化服务。鼓励制造企业增强定制设计和柔性制造能力，推进生产制造关键环节组织调整和柔性化改造，形成对消费需求具有动态感知能力的设计、制造和服务新模式。二是推广云制造服务。支持制造企业、互联网企业、信息技术服务企业跨界联合。三是引导发展融资租赁服务。鼓励核心技术优、综合实力强的大型制造业企业通过建立企业财务公司，进入设备租赁和融资租赁业。重点支持通用设备、专用设备、交通工具、电气机械等企业与各类融资租赁公司加强合作。

（4）安徽。制订《安徽省发展服务型制造专项行动推进方案（2017～2020 年）》。一是培育智能服务新能力。鼓励企业开展基于工业大数据的产品和服务创新，为用户提供协同管理、资源管理、数据挖掘等信息技术服务。鼓励制造企业发展工业电子商务、线上线下（O2O）等新模式，建立在线采购、产品销售和综合服务平台。二是支持服务外包发展。鼓励大型制造企业将生产流程中非核心但具有比较优势的服务环节剥离并设立具有独立法人资格的服务外包企业。重点

支持原材料、电子设备、仪器仪表、电气机械、专用设备等行业制造企业，为其他单位开展信息技术、研发设计、能源管理、检测与认证等专业化服务。

3. 对广西制造服务转型的启示和借鉴

一是推动产业融合发展。建立一体化的产业政策体系，消除服务业与制造业在税收、金融、科技等方面的政策差异。制定相互协调融合的行业监管、支持政策。

二是提升信息技术支持能力。推行制造服务转型需提高重点行业信息应用系统的方案设计、开发、综合集成能力。

三是加强制造服务平台建设。建立工业设计、物流、质量检验检测认证等生产性服务公共平台和信息化网络服务平台，搭建具有国际先进水平的大数据、云计算、电子商务等服务外包产业平台。

四是寻求重点突破的行业和模式。以挖掘客户需求为突破口，在重点行业实施服务型制造行动计划，创新服务型制造发展模式。

（四）推动产业集群发展

实施“群链区”创新发展战略，着力打造一批高质量的产业集群、构建一批高水平的产业链、建设一批高能级的产业集聚区，重点解决龙头企业不强、工业产业链短、精深加工能力薄弱、产业集聚度低等问题。

1. 总体方向

按照产业集聚、资源集约、功能集合的要求。狠抓产业谋划布局，助推产业集群发展规划、产业目标上升为重大战略。狠抓创新资源聚集，建设一批公共服务平台或孵化器。狠抓产融对接，解决一批企业发展过程中遇到的融资问题。狠抓重大项目推进，切实加快一批重大项目进度。着力打造汽车、机械、铝、冶金、石化、糖业、粮油加工、木材加工及造纸 8 个传统产业集群和新一代信息技术产业、高端装备制造业、新能源汽车、生物医药新材料 5 个战略性新兴产业集群。选择这些主攻产业集群，主要基于以下四个方面考虑：一是符合当前国家鼓励发展的产业政策方向；二是具备较好的市场前景；三是在广西具备良好的资源禀赋、产业基础；四是具备比较优势和后发优势。

2. 经验借鉴

河南、重庆、四川推进产业集群发展的做法如表 5－6 所示。

河南。一是突出链式整合和横向联合，以省辖市为主体培育千亿级主导产业集群，引导各县（市、区）发展百亿级特色产业集群，打造龙头带动型产业集群。二是围绕传统领域，打造资源深加工产业集群。三是加大千亿级主导产业集群品牌建设力度，制定品牌培育规划和品牌发展政策，建立品牌激励制度，引导和支持企业争创中国质量奖、省长质量奖等，推动生产要素向品牌企业和优势企业流动。

表 5-6 产业集群发展方向

序号	名称	发展方向
传统优势产业集群		
1	汽车产业集群	以上汽通用五菱汽车股份有限公司、东风柳州汽车有限公司等企业为龙头，打造乘用车和商用车、特种车、新型发动机、零部件、后市场服务5条关键产业链
2	机械产业集群	以广西柳工集团有限公司、玉柴机器集团有限公司等企业为龙头，发展工程机械、内燃机、通用机床3条关键产业链
3	铝产业集群	以广西投资集团有限公司、南南铝加工有限公司、百色百矿集团有限公司等企业为龙头，发展航空航天用铝、交通用铝、电子电器用铝、铝材、建筑用铝5条关键产业链
4	冶金产业集群	以广西柳州钢铁集团有限公司等企业为龙头，发展建筑用钢、汽车用钢、船舶用钢、不锈钢新材料4条关键产业链
5	石化产业集群	以中石油广西石化、中石化北海炼化、广西华谊能源化工有限公司等企业为基础，加大龙头企业招商，发展石油炼制、改性沥青、橡胶、化纤、化肥、煤化工6条关键产业链，基本形成广西北部湾石化智能制造示范基地
6	糖业产业集群	以广西南宁东亚糖业集团、广西洋浦南华糖业集团股份有限公司、广西农垦糖业集团股份有限公司等企业为龙头，发展多功能糖制品、综合利用、非糖产品三条关键产业链，打造国内一流、世界领先的糖业商贸物流中心、科技研发基地和总部基地
7	粮油加工产业集群	以大海粮油工业（防城港）有限公司、中粮油脂（钦州）有限公司、防城港澳加粮油工业有限公司等企业为龙头，重点发展粮油加工、米制品加工2条关键产业链
8	木材加工及造纸产业集群	以广西金桂浆纸业有限公司、斯道拉恩索（广西）浆纸有限公司、广西林业集团有限公司、南宁科天水性科技有限责任公司等企业为龙头，重点发展林浆纸、板材及家具2条关键产业链
战略性新兴产业集群		
1	新一代信息技术产业集群	以广西三诺电子有限公司、北海惠科电子有限公司、南宁富桂精密工业有限公司等企业为龙头，发展计算机整机、手机零部件及终端、网络通信设备、光通信及微波通信设备、汽车电子5条关键产业链

续表

序号	名称	发展方向
2	高端装备制造业集群	以南宁中车轨道交通装备有限公司、桂林电力电容器有限责任公司、广西柳工集团有限公司、广西五丰机械有限公司等企业为龙头，积极发展轨道交通装备、电力装备、海洋工程装备及高技术船舶、高端农机、工业机器人5条关键产业链，打造南宁、柳州、桂林、玉林、钦州等高端装备产业集群
3	新能源汽车产业集群	重点发展系列中高端纯电动、插电式混合动力整车产品，促进电机、电控、动力电池等核心零部件本地化制造，打造南宁、柳州、桂林、贵港等新能源汽车产业集群
4	生物医药产业集群	以广西梧州中恒制药（集团）股份有限公司、桂林三金药业股份有限公司、桂林南药股份有限公司等企业为龙头，重点打造中成药产业链和化学药产业链。以桂林优利特医疗电子（集团）有限公司、桂林市啄木鸟医疗器械有限公司等企业为龙头，引进国内先进企业，全力培育发展医疗器械产业链
5	新材料产业集群	以中铝广西有色稀土开发有限公司、广西河池市南方有色金属集团有限公司、中信大锰矿业有限责任公司等企业为龙头，引进和培育一批龙头企业，发展高性能铝材、新型碳酸钙、石墨烯、稀土新材料、铝基锰基镍基新材料5条关键产业链

重庆。实施垂直整合一体化集群发展战略，打造电子、汽车、装备、材料、化医、能源、消费品工业的“6+1”产业体系。一是促进电子信息、汽车和高端交通装备制造三大产业形成上下游产业集聚，打造产业集群度高、配套带动力强、核心竞争优势明显的高端产业集群。二是推进智能化园区建设，实施智能制造工程，推进园区生产过程清洁化、能源利用低碳化、水资源利用高效化。三是构建以“品牌商+整机企业+零部件企业”“研发+制造+结算”为主要特征的世界级电脑产业集群。

四川。成立制造强省建设领导小组，着力推进产业集群的深耕发展和产业链的垂直整合。将电子信息、饮料食品培育成为万亿级产业集群，油气化工、装备制造、能源电力、钒钛钢铁、稀土产业培育成为五千亿元产业集群，轨道交通、生物医药、航空与燃机培育成为千亿元产业集群。一是打造一批重大技术装备产业集群，二是加大产业集群的公共服务平台建设，三是加强区域技术创新体系的建设。

四、新型工业化背景下推动广西工业高质量发展的条件及路径

党的十九大提出，要加快建设创新型国家，“创新是引领发展的第一动力，是建设现代化经济体系的战略支撑”。推动高质量发展，必须把科技创新摆在工业发展全局的核心位置。

（一）着力强化科技创新推动工业高质量发展

1. 建设适合工业高质量发展的研发创新平台

围绕汽车、机械、铝、冶金等传统优势产业和新一代信息技术、新材料、新能源汽车、生物医药等战略性新兴产业，建设一批国家工程（技术）研究中心、国家工程实验室等，打造跨领域、协同化、网络化创新平台。加快建立健全技术开发、知识产权、信息化应用、工业设计、检验检测等公共技术服务平台。探索建立军民融合股权合作机制，建设一批军民融合发展示范基地和公共服务平台，打通“军转民”“民参军”双向通道。要着力推进和引进一批国内知名工科院校和科研院所在南宁、桂林创建研发平台或产业化转化机构，加快提升工业高质量协同创新发展能力。

2. 强化企业创新主体地位

突出企业创新主体责任，支持企业承担各级科研项目，鼓励企业开展技术创新、商业模式创新和管理模式创新。提升原始创新能力，推广以企业为主导的委托研发、组建联合实验室、技术转让、技术入股等多种合作模式，鼓励引导企业参与技术标准制定，开展技术并购和集成应用。鼓励企业与高校、科研院所、服务机构共建研发中心、实验室、中试基地、创新联盟等科技创新载体，推动人才、资金、设备等创新要素向企业集聚。鼓励企业积极对接科研院所，建立科技成果专业化基地。

3. 开展共性关键关联技术和拥有自主知识产权核心技术攻关

打通产学研用利益共享通道，加快科研成果转化和产业化。努力突破一批重大关键技术，创建一批核心技术标准。运用高新技术和先进适用技术改造提升食品、汽车、机械、冶金、石化等传统优势产业，深化信息技术集成和机器换人应用，推动制造业向智能化转变，形成核心优势产品。以标志性的关键基础工艺、

关键基础材料及核心基础零部件为突破口，在智能制造、石墨烯、高端装备、民族医药等领域实现共性关键技术突破。

（二）深化工业开放合作

1. 着力优化工业营商环境，实施产业链精准招商

全力优化工业营商环境，深入推进“放管服”改革。建立重大工业项目招商引资和项目推进“一把手亲自抓、负总责”的工作机制，强化工业主管部门的招商职能。围绕“强龙头、补链条、聚集群”，坚持精准招商、以商招商、产业链招商，突出引进产业配套能力强、关联带动效应好、聚集引领作用显著的大项目好项目，引进一批行业龙头项目、优质项目，引进一批世界领先、国内一流、行业顶尖的企业建设面向东盟的区域性总部和研发中心、后台运营中心。鼓励有条件的地方探索重资产招商，吸引龙头企业轻资产“拎包入驻”。支持各地利用产业扶持资金、直接股权投资资金和各类基金，与重大招商项目开展股本合作、联合建设。

2. 深化区域全方位合作

实施南向北联东融西合开放合作战略，以深度融入、精准对接粤港澳大湾区建设，促进工业高质量发展，以柳州—佛山合作为模式，推进和带动更多的城市对口合作与对标发展。加强与东盟国家优势产能合作，加快推进中马“两国双园”、中越跨境经济合作区等建设，探索建设中国—东盟产业合作示范区。推进与南亚、中亚、西亚、东欧和南美、非洲等“一带一路”沿线国家在汽车、机械、医药、冶金等领域合作。全面融入泛珠三角区域合作，深入落实省际合作协议，加强与周边省份要素合作，打造高铁经济带合作试验区，加快推进粤桂合作特别试验区、粤桂黔高铁经济带合作试验区（广西园）、云桂黔跨省扶贫合作产业园区等跨省产业合作园区建设，加速推进中新互联互通南向通道建设。

3. 提升工业园区开放发展水平

加快推进国家级经济技术开发区、高新技术开发区改革升级，着力提升国家级高新技术开发区技术创新能力，加强国际科技合作，集群式承接国外高新技术转移，打造广西现代产业体系先导区、国际技术合作示范区。培育发展一批自治区级经济技术开发区，建立健全开发区晋档升位、优胜劣汰的考核机制，加大利用外资和外向型经济指标在考核体系中的比重，形成梯次推进、持续发展的开发区体系。推动园区特色化和集聚化发展，深化园区管理体制改革，实行“大园带小园”“园区+基地”等模式，支持有条件的地区与贫困地区开展工业“飞地经济”合作，实行产值、税收等分成，助力贫困地区产业发展，建立工业园区分级

管理考核评价体系。

4. 深化企业改革，大力发展民营经济

加快推进东风柳汽、柳州五菱、玉柴集团等国有混合所有制改革，放开非公资本准入和允许退出。通过投资入股、联合投资、并购重组等方式，支持国有工业企业与央企和大型民企混合所有制改革。鼓励放开竞争性业务，对具有引领带动作用的行业企业，不设置国有股权比例限制。加快全面开展国有控股混合所有制企业员工持股试点。全面放开民营资本进入实体经济发展的行业和领域。支持民营企业参与新技术、新产品、新业态、新模式以及关键技术或关键链条创业项目的投资，向民营企业开放技术研发、检验检测、认证服务、技能培训等公共服务平台。支持民营企业用存货、设备、知识产权、金融资产等动产融资。支持民营企业“个转企、小升规、规改股、股上市”。

5. 加快县域工业发展

科学编制县域工业发展规划。立足县域产业基础和资源禀赋，加强对县域工业园区规划的统一编制和统一管理，推动县域工业形成 2 ~ 3 个主导产业发展格局。培育发展工业大县，支持自治区重点县域工业园区和县域特色产业小镇建设。推动产城融合发展。进一步完善基础设施和配套设施及综合服务功能。实施乡村振兴战略，推动第一、二、三产业融合发展。围绕县域农业资源，引进扶持农产品深加工龙头企业发展，建立“区域品牌带动企业、企业发展基地、基地辐射带动贫困户”的产业扶贫模式，实施工业扶贫计划，发挥工业扶贫在易地扶贫搬迁、贫困户就业中的重要作用，推动农民工就近就地创业就业，实现贫困地区和贫困人口持续稳定脱贫增收。

（三）加快工业绿色发展

绿色制造是生态发展的需要，也是制造向高端发展的必然选择。制造强国和网络强国战略要求加大节能环保技术、工艺和装备的研发力度，加快制造业升级，努力构建高效、清洁、低碳、循环的绿色制造体系，要围绕制造业资源能源利用效率和清洁生产水平提升，以制造业绿色改造升级为重点。

1. 深入推进产业结构调整，构建绿色工业体系

采用现代生物技术、生态技术、节能技术、节水技术、再循环技术和信息技术等，推动传统优势绿色发展。使用新能源，引导园区建设分布式能源、智能微电网。推行企业循环式生产、园区循环式发展、产业循环式组合。建立绿色规范信用信息共享平台，加大执法监察力度，协同相关行业，建立部门间信用信息共享机制。实施生产过程清洁化改造，开展高耗能设备系统节能改造。落实能效标

识制度和节能低碳产品认证制度，打造绿色低碳产品知名品牌。

2. *加快构建绿色制造业体系*

推进节能减排、清洁生产、产品绿色化、企业绿色化、制造过程绿色化和循环经济发展，全面建设绿色低碳循环发展经济体系。在重点行业和重点领域推行产品生态设计，培育一批生态设计示范工厂和生态设计（绿色）产品。推动产业园区生态化改造，发展主导产业链型生态产业园区，布局建设一批绿色循环型工业园区。建立绿色产品、绿色工厂、绿色园区评价机制，制定分行业、分领域绿色评价指标和评估方法，持续开展绿色评价。

3. *协同多方力量，形成政产学研用相结合的体制机制*

建立关注绿色制造领域的综合性平台组织，开展绿色制造业“政产学研用”，搭建跨界联动的信息共享及服务平台；牵头搭建绿色制造技术平台，加强生物、材料、能源、资源等方面的跨专业合作。完善工业绿色发展标准体系，建立绿色制造第三方评价机制。加强舆论宣传引导，强化企业绿色发展理念。强化企业节能环保执法监管，严厉打击污染环境行为。

4. *鼓励金融机构创新产品，加大对绿色制造资金支持*

探索开展用能权、用水权、排污权等交易试点。创新能效贷款、排污权、碳排放权抵质押贷款等产品。鼓励金融机构建立支持工业绿色发展的信贷机制。建立企业绿色发展水平与企业信用等级评定联动机制。引导国内外各类金融机构参与绿色制造体系建设，鼓励金融机构为企业绿色转型和低碳改造提供适用的金融信贷产品。加大对资质好、管理规范的中小企业的信用担保支持力度，鼓励银行、担保机构等为中小企业绿色创新与低碳转型提供担保服务和信贷支持。

5. *启动政府绿色采购工程，引导绿色消费行为*

将绿色标识作为制定绿色采购产品目录和指南的基础依据，分行业、分产品制定并发布绿色采购标准和清单。开展多层次、多形式的宣传教育，引导企业将绿色营销与产品战略相结合，实施因地制宜的政策扶持，激励符合绿色发展要求的新兴产业集聚。将企业“绿色基因”纳入考核标准，实施政府绿色采购工程。明确行业标准和认证体系，统一绿色标准管理。

（四）推动工业化与信息化深度融合

结合产业条件，制定专项发展策略，把智能制造作为深化企业“两化”融合的主攻方向，推进“互联网＋”“机器人＋”“标准化＋”“大数据＋”在传统制造业领域的应用，不断提高制造业数字化、网络化和智能化发展水平。

1. *以智能制造为重点，推广应用信息化技术*

围绕机械、汽车、电子等重点制造领域的关键环节，实施“机器换人、设备换芯、生产换线”工程，加快研究、开发、推广、应用新一代智能制造技术，培育发展基于工业互联网的智能制造新模式，推进产业园区智慧化建设。大规模推广和全面应用数字化、网络化等信息化技术。鼓励制造企业充分运用成熟的先进技术，实现向更高的智能制造水平迈进。

2. 完善信息基础设施和安全体系，夯实两化融合保障能力

全面升级信息基础设施和信息安全网络保障体系，有效配置和优化完善网络资源，加快电信网、互联网、广播电视网基础设施数字化改造升级，扎实推进“三网融合”试点，建成各地区、各种类信息网络互联互通的骨干传输网。大力发展集数据、图像、声音等多种业务于一体的数字化、宽带化、综合化接入网。以龙头企业为牵引，加快建设覆盖全区的无线数字共网平台，建成技术领先、功能齐全、覆盖全区的陆海空及各行各业现代化无线电应用、管理网络。

3. 着力培育新一代信息技术产业，积极推动“桂企上云”

着眼于网络拓展、网络基础设施提升和网络应用拓展及高端电子信息制造业发展，积极布局和发展下一代通信网络、物联网、三网融合、新型平板显示、高性能集成电路和高端软件、数字家庭等新一代信息技术产业。加快推进制造业与新一代信息技术产业深度融合，培育发展“互联网+制造业”新模式、新业态。以试点示范建设广西工业云服务平台、跨部门数据共享体系，推动规模以上企业实现全部上云。

4. 依托龙头企业和产业联盟加快人才培育，推动交流合作

建立一批两化融合人才培训和实训基地，加强已认定 IT 人才驿站的管理和政策支持。实施两化融合专项人才战略，完善技术人才的评定标准，推进行业职业技能鉴定工作和高技能人才选拔工作。加大高端、急需人才的引进和培养力度，加大信息技术人才的培训力度。

（五）强化工业质量品牌建设

实现工业高质量发展必须确保工业产品高质量和品牌建设，必须坚持“质量第一，效益优先”原则，以质量品牌建设为载体，推动广西工业质量品牌培育壮大，以质量技术变革为动力，打造广西制造业质量品牌新动能。

1. 加强质量品牌建设，实施区域培育工程

打造广西知名质量品牌，加快建设和实施与国际先进水平接轨、适合广西制造业发展要求的标准体系，大力推进质量认证、产品鉴定、检验检测等认证认可体系建设。支持行业龙头企业、标准委员会主导和参与国家标准、行业标准的制定修订。实施工业产品质量提升行动计划和重点行业工艺优化行动。扶持制造业

质量品牌建设，实施区域质量品牌培育工程，打造“桂系品牌”。鼓励企业、服务及检测机构申报中国质量奖、“全国质量标杆”“工业产品质量控制和技术评价实验室”、自治区主席质量奖等质量品牌荣誉。

2. 实施品牌培育工程，培育名牌产品名牌企业

围绕传统优势产业，着力培育一批主要技术指标“领跑者”企业，打造一批在国内外有较强竞争力的知名品牌。围绕战略性新兴产业，加快培育一批掌握核心技术、形成规模优势的新品牌。开展老字号品牌复兴工程，推动中华老字号、广西老字号企业传承升级。鼓励优势品牌企业开展国际交流合作，建设海外研发设计机构及营销渠道。支持企业以参股、换股、并购等形式与国际品牌企业合作，提高品牌国际化的运营能力。

3. 着力加大宣传力度，树立质量品牌意识

组织标准宣贯，宣传推广品牌培育示范企业。鼓励开展质量品牌宣传展示活动，扩大广西质量品牌社会影响力。支持自治区实施质量强桂战略工作领导小组、自治区主席质量奖评审委员会开展评奖活动，支持企业参加质量品牌创新成果发布、工业展览会、工业企业品牌竞争力评价活动。开展“遍行天下心仪广西——广西品牌神州行”系列活动，依托广西电视台主流媒体对做好“广西品牌神州行高铁展销”“《品牌的力量》系列宣传片”“广西品牌故事”等专题进行宣传报道，引导企业牢固树立质量为先、品牌引领的意识。

（六）突出产城融合发展

产城融合是推动新型工业化和城镇化高度关联发展的典型体现，是以承载产业空间和发展产业经济为基础，促进产业与城市融合发展，在特定发展阶段下，进一步助推产业、城市和人口互为依托、功能互动融合发展，最终实现产业、城市、人口之间有活力的均衡协调及可持续性发展。

1. 强化产业的支撑作用

准确定位符合南宁五象新区、柳州柳东新区、桂林临桂新区、梧州沧海新区持续健康发展的产业、城市新区功能配套，打造成为现代产城发展综合体。避免产业空心化和工业园区“孤岛式”发展的问题，加强城市新区在产业及城镇建设与城区的良性互动发展。

2. 引导产业园区有序推进

做好产业园区规划的引导作用，强化产业园区的主体功能，增强产业园区对产业结构优化、产业落户的吸引力和竞争力，加大产业园区支柱产业和重点项目的推进和扶持力度。重点抓好产城互动试点建设，统筹推进中心城区产城互动，

辐射带动县域产城互动建设，示范带动全区产城互动发展。重点突出产业集聚与城镇发展相互融合，全面增强试点园区的产业集聚功能、生产服务功能、商贸物流功能、消费服务功能。

3. 完善城镇基础设施建设

加快完善园区城镇基础设施建设，加大对园区公租房等保障性住房的支持力度，集中建设新型社区，完善生产生活配套设施。完善服务于产业发展和园区建设所需要的交通基础设施等城镇公共服务产品，提高配套服务功能。加强产业园区与城市基础设施的无缝对接，加快园区内道路和城际公共交通基础设施工程建设，建立社区医院等生活配套设施，将产业园区打造成产城融合一体的新型社区。

4. 加快特色产业培育

依托现有的产业基础和资源优势，做好园区产业发展定位，大力引进投资规模大、带动能力强、产城融合度高、质量优、效益高的特色产业企业项目落户。培育具有比较优势的骨干龙头企业，加快形成特色突出、集中度高、关联度大、竞争力强的产业园区。

5. 以信息化拓展推动产城融合发展

全面提升产城融合发展的信息基础设施，加强移动通信宏基站、室内覆盖站点、光纤到户能力、无线局域网等建设，推进无线园区、智慧园区建设。推进城市建设管理、城市运行安全、智能交通、社会事业与公共服务、电子政务、信息资源开发利用等，提升园区、城镇的运行管理水平、经济发展水平、公共服务水平和居民生活质量提升。

（七）持续优化营商环境

一个地区营商环境质量的好坏是该地区产业发展的重要环境性因素。尤其在市场经济条件下，各种资源将以高质量、高效益优先的原则确定其流向，越是优质的资源，其对营商环境的要求越高，对优化政府服务实体经济发展也具有重要意义。

1. 深化行政审批制度改革

深化“放管服”改革，加快电子政务、智能政务建设，针对市场准入、企业开办、施工许可、信贷获得、投资者保护、产权登记等各环节，联合相关部门制订专门工作方案，推动建立“一事通办”机制，力争 3 年内涉企行政审批事项基本实现 1 次办成。进一步削减不合理的前置审批和许可，积极推行并联审批、网上审批、市县联网审批，推行全区行政审批无差异化服务，实行全区统一的行政审批项目管理。清理行政事业性收费，减轻企业负担。

2. 试行企业投资项目承诺制

在自治区级及以上工业园区率先试行企业投资项目承诺制，以清单形式确定项目准入条件，企业承诺后即可开工建设，变先批后建为先建后验。对符合标准的企业投资项目，由企业自主选择并按照政府制定的标准做出具有法律效力的书面承诺，并进行公示。企业做出承诺后依法依规自主开展设计、施工等相关工作。根据产业政策和当地资源禀赋，政府相关职能部门在自治区级以上经济技术开发区（园区）、产业集聚区、特色小镇等重点区域，制定经济技术指标和行业技术规范标准，提出企业投资项目负面清单，制定具体项目准入标准，并向社会公布。

3. 持续降低企业成本

持续加大对降成本 41 条和新 28 条政策落实监督检查力度，适时组织对政策实施效果进行全面评估。进一步加强相关方面测算和具体政策研究，重点提出在减税降费尤其是降低垄断行业强制收费过高等方面的政策举措，降低制度性成本。理顺园区内管道燃气价格，合理调整输配价格，探索建立天然气直供制度。推进自治区级及以上工业园区的电力用户通过市场化交易降低用电成本。优化粤桂合作工业园区电价政策。按需量计费的大工业电力用户，基本电费按照实际需量收取。对符合水电气报装条件的项目，由供应企业出资建设配套至用户单位用地红线。深化收费公路制度改革，降低过路过桥费用，继续阶段性降低企业“五险一金”缴费比例。

4. 突出相关产业配套服务，打造一流营商环境

全面加强产业配套体系建设，强化生产性和非生产性服务配套，完善铁路、公路、港口、口岸基础设施建设，加大现代物流集聚区建设，增加沿海港口的班轮密度，保障工业产品和重要原材料的运输。深化产业链配套招商，在产业的集聚效率上下功夫，降低企业综合商务成本和产业经营投资成本，形成倍增效应，吸引外来投资，增强区域综合竞争力。完善市场机制，放宽准入条件，减少对企业干预，用机制和制度创新支持企业迅速成长。另外，营造公平竞争、宽松便利的市场环境，可以让人才、技术、资金、创意、信息等各种生产要素能够自由充分地流向新经济领域。

第六章　广西工业化发展瓶颈及机遇

根据广西工业化进程阶段识别结果及特征，可以看出广西工业化进程取得了跨越式进展。但必须认识到，广西工业化进程与广东、江苏、浙江、福建等沿海发达地区甚至和重庆、四川、湖南等西南地区相比均存在差距。找准广西工业化发展瓶颈，并开展溯源分析，为加快广西工业化进程对策研究提供问题依据和原因解析。

一、制约工业化进程的主要瓶颈

根据广西工业化进程中的各分项指标数据来看，经济发展水平、产业结构、工业结构、城镇化水平、信息化水平等均存在较大差距，但这些瓶颈与分项指标的差距并不完全一致。制约广西工业化进程的因素有很多，但主要表现在人才支撑、空间布局、产业结构、创新能力、信息要素、产业配套、平台载体、区位优势资源能源、发展环境等方面上。

（一）瓶颈之一：人才支撑乏力

人才是第一资源，一个国家或地区的发展离不开对人才的培养，人才是一个国家或地区持续发展的核心力量。必须深刻认识到人才是支撑广西发展和工业化进程的核心保障。

1. 广西人才建设水平滞后

结合广西工业化进程发展需求，广西在人才培养、人才引进、人才发展上与东部发达地区存在相当差距、与中西部先进地区的差距呈现拉大。根据中国劳动统计年鉴统计数据，截至 2018 年底，全区城镇单位制造业从业人员总数为 52.97

万人，在全国排名第22位。但是，由于大量制造业从业人员分布在非城镇地区的中小微企业内部，人才分布十分分散，全区制造业实际从业人员数量约为160万人，极大地影响了制造业人口规模集聚发展。

表6－1 各省区市制造业城镇单位就业人员统计（2018年）

地区	制造业从业人数（万人）	地区	制造业从业人数（万人）
北京	74.41	湖北	140.08
天津	68.96	湖南	95.27
河北	98.37	广东	882.48
山西	60.34	广西	52.97
内蒙古	32.54	海南	7.21
辽宁	112.1	重庆	79.86
吉林	56.89	四川	127.29
黑龙江	38.61	贵州	31.54
上海	161.72	云南	62.68
江苏	497.55	西藏	0.9
浙江	289.34	陕西	91.77
安徽	139.52	甘肃	29.15
福建	213.65	青海	8.99
江西	106.47	宁夏	9.9
山东	341.86	新疆	32.53
河南	233.36		

资料来源：国家统计局网站。

2. 高素质专业技术人才普遍缺乏

近年来，广西技术人才队伍综合素质逐步提升，但不可否认的是，从技术等级结构看，初级、中级技术工人比例较大，技能结构较单一，尤其是从技术工人学历情况看，依旧偏低。目前，企业对操作熟练的技术工人需求旺盛，应大力发展职业教育，满足企业发展需求。现代产业均朝着自动化方向发展，职业教育必须与时俱进，要以校企合作为平台，培育出一支知识型、技能型、创新型的复合型技术人才队伍，在振兴实体经济中培育一批高素质、高技能和产业竞争力的技术人才。

结合广西工业化发展与高校和本地人才培育需求情况来看，广西高校和本地人才培养严重不足，向发达地区开展学习交流的层次和人才培养效率不高。具有国际视野、国内一流水平的战略科技人才、科技领军人才、青年科技人才和高水平创新团队缺失。协同创新能力不足，集聚工业化发展人才的平台载体功能不足，重点实验室、工程技术研究中心、博士后“两站”、科研中试基地等平台缺少。广西在工科学科建设上存在较大差距，“双一流”学科建设数量落后。目前，广西在开展国际产能科研和教学合作上较为落后，在拓展国际交流与合作，构建国际产能合作智库方面仍有较大不足。按照省（区、市）籍“两院院士”统计分析，2017 年江苏籍“两院院士”数量在全国中居第一位，为 450 人，其次为浙江，达到 375 人，居第三位的广东为 145 人，江苏、浙江两省在人才培养和人才发展上领先全国，其唯才是举、唯才是用的人才政策和社会浓郁的传统学习氛围都为人才发展提供了优质土壤。而广西籍“两院院士”仅为 10 人，在全国处在下游水平，低于黑龙江、云南等人口数不及广西的省份，可见广西在教育、培育、发展人才上仍有很长的路要走，这一现象应予以深刻关注。

表 6－2　2017 年“两院院士”籍贯分布统计结果

地区	院士数（人）	地区	院士数（人）
江苏	450	山西	38
浙江	375	重庆	34
广东	145	天津	30
山东	143	吉林	28
福建	139	黑龙江	18
湖南	131	云南	12
安徽	111	广西	10
河北	99	内蒙古	10
上海	84	贵州	9
湖北	84	港澳	8
河南	72	甘肃	7
四川	75	海南	4
辽宁	74	新疆	3
江西	65	宁夏	1
北京	41	西藏	1
陕西	38	全国	2339

3. 专业支撑乏力

广西工程领域学科建设仍不完善，存在门类不全、学科不强、布局不合理等多方面的问题，极大地制约了工业研发创新和高质量发展。根据教育部第四轮工学学科评估结果统计，国家划分的37个工学学科中，广西仅拥有13个，缺失24个。区内高校工程学科评估等级中，获评A类的没有，主要为B、B－、C、C＋、C－类，学科等级相对较低，如表6－3所示。在高校学科设置与地方产业布局方面，工科院校高度集中在南宁、桂林两市，柳州、北海、玉林、梧州、百色、钦州等院校尚未设立工科学科。

表6－3　广西高校第四轮工学学科评估结果汇总表

一级学科		高校代码及名称	评估结果	排名区间
代码	专业			
0802	机械工程	10595 桂林电子科技大学 10593 广西大学	B－ C	59～75 95～115
0804	仪器科学与技术	10595 桂林电子科技大学	B－	22～29
0805	材料科学与工程	10595 桂林电子科技大学 10596 桂林理工大学 10593 广西大学	C C C－	87～104 87～104 105～125
0806	冶金工程	—	—	—
0807	动力工程及工程热物理	—	—	—
0808	电气工程	10593 广西大学	C＋	34～43
0809	电子科学与技术	10595 桂林电子科技大学	C	54～63
0810	信息与通信工程	10595 桂林电子科技大学	B－	43～55
0811	控制科学与工程	—	—	—
0812	计算机科学与技术	10593 广西大学 10595 桂林电子科技大学 10602 广西师范大学 10596 桂林理工大学	B－ B－ C＋ C－	72～95 72～95 96～121 143～167
0813	建筑学	—	—	—
0814	土木工程	10593 广西大学 10596 桂林理工大学	B－ C	41～53 68～81
0815	水利工程	—	—	—
0816	测绘科学与技术	10596 桂林理工大学	C－	21～22

续表

一级学科		高校代码及名称	评估结果	排名区间
代码	专业			
0817	化学工程与技术	10593 广西大学	B	30 ~ 44
0818	地质资源与地质工程	—	—	—
0819	矿业工程	—	—	—
0820	石油与天然气工程	—	—	—
0821	纺织科学与工程	—	—	—
0822	轻工技术与工程	10593 广西大学	C +	10 ~ 12
0823	交通运输工程	—	—	—
0824	船舶与海洋工程	—	—	—
0825	航空宇航科学与技术	—	—	—
0826	兵器科学与技术	—	—	—
0827	核科学与技术	—	—	—
0828	农业工程	—	—	—
0829	林业工程	—	—	—
0830	环境科学与工程	10596 桂林理工大学 10593 广西大学 10602 广西师范大学	B C C –	32 ~ 46 78 ~ 93 94 ~ 110
0831	生物医学工程	—	—	—
0832	食品科学与工程	—	—	—
0833	城乡规划学	—	—	—
0834	风景园林学	—	—	—
0835	软件工程	10602 广西师范大学 10593 广西大学 10595 桂林电子科技大学 10596 桂林理工大学	B – C + C + C –	50 ~ 67 68 ~ 82 68 ~ 82 102 ~ 117
0837	安全科学与工程	—	—	—

注："—"表示在学科建设缺失。

资料来源：教育部学位与研究生教育发展中心 2017 年评估报告。

4. 国内主要城市人才竞争日趋激烈

当前，国内主要城市展开了激烈的人才竞争，纷纷出台各类人才引进优惠政策，出台人才服务绿卡待遇，不断完善人才激励制度，加快落实科技人员和科研单位分享科技成果转化收益机制。各主要城市加快专业人才队伍建设，培养和造就一批数量相当的专业人才，围绕工业化发展战略所必需的支柱产业和重点领域，加快培养一批具有较强研究和设计能力的专门人才以及实用技术人才，着力培养一批科技创新型中青年专家。同时，以天津、重庆、南京、西安、济南、武汉、长沙、郑州、成都等城市为代表①，围绕人才争夺展开了激烈的竞争，各市纷纷在落户政策、奖励机制、住房政策等方面提供各种优惠，针对各种人才，针对不同的人才类型，创新人才引进措施。相比之下，南宁出台的人才引进政策力度显得不足，尤其是人才奖励政策支撑较为乏力，在未来广西人才引进和经济社会发展中将极为不利。

根据《2017 年第一季度中国城市研究报告》，深圳是国内人口吸引力最强的城市，其次为天津、重庆、苏州、杭州等城市。出台“人才新政”的城市主要集中在郑州、长沙、南京等城市，这些城市从人才引进、就业创业、落户、住房、医疗和子女就学六个维度，出台了不同类型的人才政策，提出放开落户限制、降低落户条件等，且这些城市抢夺的焦点集中在大学毕业生上，如武汉出台了《关于支持百万大学生留汉创业就业的若干政策措施》，计划在未来 5 年能留住 100 万大学生。长沙和成都在高校毕业生的落户政策上取消了毕业年限限制，实现毕业即可落户，全日制本科毕业生仅需凭有效证件即可办理落户手续。值得关注的是郑州市在人才争夺上着力深化户籍制度改革，鼓励新落户的各类人才持有郑州户籍，努力缩小常住人口城镇化率与户籍人口城镇化率之间差距。同时，重庆、天津等 6 座城市纷纷出台人才奖励标准，长沙、成都和济南对顶尖人才及团队的资金补助最高达到了 1 亿元。大部分城市按照诺奖级、国家级、省级、市级等标准对不同人才进行划分，重庆则按照人才年薪进行划分，并给予奖励。

各城市在住房政策上进行了激烈的竞争，主要体现在补贴房租、免租住房、优惠购房等方面，其中力度最大的是西安和南京。西安针对 A 类人才，提供免租入住 180 平方米左右的住房，居住人在本市住满 5 年并在工作中取得贡献的，政府可将房屋产权赠予个人。南京则提出各类人才可以申请共有产权房，在未来还能获得折价购买的优惠。同时，各地对技能型人才争夺也高度重视，纷纷出台工匠人才培养、引进措施，长沙市在先进制造领域计划培养引进 15 万名技能人才和 3 万名高技能人才，并对获得“全国技术能手”等国家级荣誉的高技能人才

① 2017 年 6 月，武汉市发布百万大学生留汉政策，把招才引智工作列为“一把手工程”，打造“大学之城、青年之城、梦想之城、创新之城”，力争 5 年内将 100 万大学生留在武汉。2018 年 1 月，西安市委、市政府启动实施《百万大学生留西安就业创业 5 年行动计划》，并配套出台《“创业西安”行动计划（2017 ~ 2021）》《西安市推进“5552”众创载体建设实施方案》等政策。

表 6－4 国内主要城市人才争夺情况分析

城市	时间	争夺人才类型	落户政策	落户政策内容	对象	奖励措施
天津	2017 年 3 月	各类人才	高校毕业生落户	普通高校毕业生在本市有合法稳定就业的可迁入户口	诺贝尔奖获得者、国家两院院士等专家	最高 1200 万元工作经费和生活补贴
					国家、天津市和新区人才工程的引进人才	最高 300 万元经费资助
					国家、省部级人才工程（计划）和重大科研项目主要负责人	20 万～60 万元经费资助
重庆	2017 年 4 月	各类人才	人才落户、家人随人落户	引进人才可自愿选择在我市办理落户，配偶和未成年人可一并随迁落户	年薪在 200 万元人民币以上，企业研发人员中年薪排前 1% 的研发类人才	最高不超过 200 万元
					年薪在 100 万～200 万元人民币，企业研发人员中年薪排前 5% 的研发类人才	最高不超过 100 万元
					年薪在 50 万～100 万元人民币，企业研发人员中年薪排前 10% 的研发类人才	最高不超过 30 万元
西安	2017 年 5 月	各类人才	高校毕业生落户、人才落户、集体落户或社区落户	放开普通大中专院校毕业生落户限制，降低技能人才落户条件，放宽设立单位集体户户口条件	包括诺贝尔获得者、中科院院士等在内的国内顶尖人才	一次性 500 万元项目配套奖补
					包括国家“万人计划”、长江学者特聘教授等在内的国家级领军人才	一次性 300 万元项目配套奖补
					包括国家“千人计划”、专家等在内的地方领军型人才	最高不超过 100 万元项目配套奖补
					创业型和紧缺型人才	根据项目规模给予每人一次性 2 万～5 万元项目资金资助
					产业发展与科技创新类实用性人才和特殊技能人才	纳入公租房保障范围，并优先予以保障

续表

城市	时间	争夺人才类型	落户政策	落户政策内容	对象	奖励措施
济南	2017年5月	各类人才	高校毕业生落户、集体或社区落户	全日制本科及以上学历毕业生可申请落户，设立“人才集体户”	国内外顶尖人才和团队	最高1亿元的综合资助
					中国科学院院士、中国工程院院士等层次的国内外顶尖人才	500万元生活补贴
长沙	2017年6月	各类人才	高校毕业生落户	推行“先落户后就业”，全日制本科及以上学历即可办理落户手续	产业发展与科技创新类实用性人才和特殊技能人才	纳入公租房保障范围，并优先予以保障
					国家级领军人才	最高200万元奖励补助，突出贡献的领军人才和团队最多可获1亿元项目资助
					省市级产业领军人才	最高150万元奖励补助
					高级人才	最高100万元奖励补助
					市级紧缺人才	最高50万元奖励补助
郑州	2017年7月	非本市户籍人才	高校毕业生落户、人才落户、家人随人才落户	放开高校毕业生落户限制，放开技术工人、留学归国人员落户限制，外来务工人员满社保2年，可携亲属申请常住户口	顶级人才（A类）	给予500万元奖励
					国家级领军人才（B类）	给予200万元奖励
					地方领军人才（C类）	给予50万元奖励
					地方突出贡献人才（D类）	给予20万元奖励

续表

城市	时间	争夺人才类型	落户政策	落户政策内容	对象	奖励措施
成都	2017年7月	各类人才	高校毕业生落户、人才落户	本科及以上学历即可办理落户手续，在本市同一单位工作2年以上的技能人才可办理落户手续	诺贝尔奖获得者等国际顶尖人才（团队）	最高1亿元的综合资助
					两院院士、国家“千人计划”“万人计划”专家等	最高300万元的资金资助
南宁	2017年	专业技术人才、硕博士	放宽本市城区落户条件	受本市用人单位聘用，与用人单位签订合同并连续参加社会保险满2年的市外人员，可申请办理本人及其配偶、未成年子女的本市居民户口登记	对象：南宁市六大重点产业的正高职称或省级及以上科技进步二等奖以上的专业技术人才，以及取得正高级职称的学科技术带头人	获得南宁市政府最高25万元的补贴支持
					对与企业签订5年以上劳动合同的博士	一次性给予安家费5万元
					对与企业签订5年以上劳动合同的硕士研究生	一次性给予安家费2万元

资料来源：根据各市出台的相关人才专项政策整理。

给予100万元奖励。西安市积极开展“西安工匠”和“西安工匠之星”评选，鼓励各类技能人才参加国内外技能大赛。

表6－5　国内主要城市人才争夺住房专项政策

城市	时间	2017年房价均价	住房类型	住房优惠措施
天津	2017年3月	26592元/平方米	租房月补	连续3年发放租房和生活补贴，大学本科生1.2万元/年，硕士研究生2.4万元/年，博士研究生3.6万元/年
南京	2017年4月	26359元/平方米	购房补贴和优惠政策	提供最高200万元的购房补贴
			租房月补	最高7500元/月的租房补贴，本科毕业在宁就业25岁以下，可享受每月600～1000元租房补贴
			人才公寓	可最多申请120平方米的人才公寓，本科毕业在宁就业25岁以下，可申请30平方米公租房
			共有产权房	最多可申请150平方米的共有产权房，与共有产权人分别持房屋所有权50%份额
西安	2017年5月	9679元/平方米	免租住房	最高免租入住180平方米左右的住房，贡献突出可赠予个人
			购房补贴和优惠政策	5年内按年核发最高70万元补贴
			租房月补	提供最高3500元月、最低1000元/月的租房补贴
济南	2017年5月	17527元/平方米	免租住房	提供最长5年免租住房
			购房补贴和优惠政策	提供最高100万元的购房补贴，买房可不受户籍、缴纳社保年限等限制
			租房月补	最多1500/月连续3年的租房补贴
武汉	2017年6月	17468元/平方米	人才公寓	5年内建满足20万人租住需求的人才公寓
长沙	2017年6月	9776元/平方米	购房补贴优惠政策	长期工作的博士、硕士首次购房给予6万元、3万元购房补贴
			租房月补	本科及以上全日制高校毕业生两年内每年发放1.5万元、1万元、6000元住房和生活补贴

续表

城市	时间	近一月房价（黄珂）	住房类型	住房优惠措施
成都	2017年7月	11450元/平方米	购房补贴和优惠政策	租住政府提供的人才公寓满5年，按其贡献可以不入住时市场价格购买该公寓
			人才公寓	外地本科及以上学历应届生来蓉应聘可7天内免费入住青年人才驿站
南宁	2016年	7262元/平方米	住房奖励政策	适用优惠住房政策，入选高层次领军人才的，在邕服务期间免费提供不低于120平方米住房一套

资料来源：房价信息来自中国房地产协会公布数据，住房政策内容根据各市出台的相关人才专项政策整合而来。

面对国内中心城市开展激烈的人才争夺，广西出台的相关人才引进、培养政策无论从力度，还是广度上均有亟待提升的空间，必须认识这一激烈的竞争环境，加快推出适应于工业化进程的人才引进政策，从深层次激活人才发展活力，出台相关的住房优惠补贴政策，实现人才可接续培养、可持续引进、可长期发展，重点引进现代制造业、战略性新兴产业、先导产业领域的大学毕业生、技能型人才等，为加快广西工业化进程提供人才保障。

（二）瓶颈之二：空间布局不优

1. 区域产业布局雷同

从产业布局来看，区域产业布局雷同尤其是偏向中低端制造业，造成各市间竞争加剧、资源浪费，内耗过大，难以形成特色产业明显、主导产业突出的区域发展格局。通过分析北部湾经济区、左右江革命老区、西江经济带工业和信息化发展“十三五”规划的工业布局，在传统产业领域三大区域均涉及或提出发展石化、有色金属、建材、农林产品加工、食品6个资源型产业，传统产业布局重叠率达到80%以上；战略性新兴产业领域均涉及或提出发展新材料、节能环保、生物医药、装备制造5个产业，产业布局重叠率达到80%以上。区域间的产业布局重叠率过高，势必加剧区域间产业发展的同质化现象，造成竞争态势加剧、资源浪费，不利于区域间的协同互补发展。

表 6－6　三大区域产业发展对比分析

地市	传统产业	战略性新兴产业
北部湾经济区	打造石化、电子信息、装备、轻工食品、有色金属、冶金、造纸和木材加工产业集群	重点发展新材料、节能环保、生物医药、新能源、新一代信息技术等产业
左右江革命老区	重点发展铝业、有色金属、制糖、石化、农林产品加工、建材等产业	重点发展新材料、新能源、节能环保、生物医药、先进装备制造等产业
西江经济带	重点发展食品、有色金属、冶金、建材、电力、石化等优势产业和汽车、机械、电子信息、生物医药等先进制造业	积极发展新材料、节能环保、生物医药、高端装备制造、新一代信息技术、节能和新能源汽车等产业

资料来源：北部湾经济区、左右江革命老区、西江经济带工业和信息化发展“十三五”规划。

2. 北部湾经济区带动广西工业发展的核心主导作用尚未充分形成

2018 年，北部湾经济区工业增加值达到 2733.54 亿元，较 2017 年增长 5.4%，占全区工业增加值的 43.34%。左右江革命老区工业增加值达到 1019.17 亿元，较 2017 年增长 12.4%，占全区的 16.18%。西江经济带工业增加值达到 3991.5 亿元，较 2017 年增长 4.1%，占全区的 63.37%。北部湾经济区上升为国家战略以来，国家和自治区给予了非常多的优惠政策，设立了北部湾投资集团、北部湾办等机构推动北部湾经济区发展，但北部湾经济区发展速度和发展成效未达到预期。

表 6－7　2018 年广西三大区域情况对比分析

名称	增加值（亿元）	增长（%）
北部湾经济区	2733.54	5.4
#占全区比重（%）	43.34	—
左右江革命老区	1019.17	12.4
#占全区比重（%）	16.18	—
西江经济带	3991.5	4.1
#占全区比重（%）	63.37	—

资料来源：根据 2019 年广西统计年鉴整理。

3. 北部湾经济区向海优势和战略支点作用尚未得到充分发挥

2018 年，北部湾港货物吞吐量达到 2.4 亿吨，较 2017 年增长 10.6%，在全国排15位，在湛江港、深圳港之后。2013年以来，北部湾港货物吞吐量得到快速发展，但与湛江港、广州港、深圳港相比差距依然明显，在总量方面北部湾港货物吞吐量仅增长0.53亿吨。北部湾港作为联通西南中南地区与东盟国家的门户枢纽港，国家和自治区支持北部湾经济区设立了南宁综合保税区、钦州保税区、北海出口加工区等海关特殊监管区促进北部湾港发展，但港口发展速度相对缓慢。一是北部湾经济区作为全区工业发展的核心地位和主导作用尚未体现，港口自身货运量不够；二是北部湾港通关一体化、便利化等方面落后湛江港、广州港，通关效率不高，造成中南西南地区甚至柳州市、贺州市、梧州市、贵港市工业企业货物通过广州港、湛江港将产品销往国外。

表6-8 全国沿海港口吞吐量对比分析情况表

名称	单位	深圳港	广州港	湛江港	北部湾港
2013年	亿吨	2.34	4.55	1.63	1.87
2014年	亿吨	2.23	5	2.02	2.02
2015年	亿吨	2.17	5.01	2.2	2.05
2016年	亿吨	2.14	5.23	2.56	2.04
2017年	亿吨	2.41	5.66	2.82	2.17
2018年	亿吨	2.51	5.94	3.02	2.40
较2017年增长	%	4.15	4.95	7.09	10.60
6年增量	亿吨	0.17	1.39	1.39	0.53
年均增速（%）	%	1.18	4.54	10.82	4.25

资料来源：2014年、2015年、2016年、2017年、2018年中国统计年鉴和交通部统计资料。

（三）瓶颈之三：产业结构不优

1. 轻重工业发展不平衡，“重工越重，轻工越轻”

2000年以来广西重工业发展步伐远超过轻工业，到2018年轻、重工业比重由2000年的“五五开”变动为“三七开”，轻工业发展严重不足。我国高度重视轻工业发展，2009年国务院出台了《轻工业调整和振兴规划》，2016年工信部出台了《轻工业发展规划（2016～2020年）》，中西部省份借此加快布局轻工业，抢占市场先机。重庆、贵州等地紧抓国内消费电子信息产业转移机遇和发展趋势，安徽、江西、湖南等地紧抓长三角、珠三角经济圈家电等轻工业转移，着力承接发展轻工业。广西轻工业基础较好，具备发展轻工业的区位交通和靠近东盟市场的条件，特别是相邻的广东省服装纺织、家电、电子等轻工业十分发达，近年来在产业“腾笼换鸟”过程中形成大量的轻工业向外辐射和转移，但广西未能将产业转移与轻工业振兴发展有效结合起来。

表 6－9　广西及相关省份轻、重工业产值结构

地区	2000 年	2005 年	2010 年	2015 年	2016 年	2017 年
广西	47.9：52.1	39.7：60.3	33.1：66.9	30.2：69.8	29.6：70.4	27.2：72.8
广东	47：53	43.7：56.3	40.6：59.4	37.2：62.8	35.6：64.4	35.2：64.8
重庆	34.1：65.9	34.2：65.8	30.1：69.9	25.8：74.2	25.7：74.3	约 26：74
贵州	37.9：62.1	30.9：69.1	21.8：78.2	25.6：74.4	38.7：61.3	39.7：60.3

注：2018 年国家及各省未公布轻重工业产值情况。

资料来源：各省历年统计年鉴。

2. 重工业附加值低，轻工业“断层缺位”严重

虽然广东、重庆、贵州也是重工业主导型，但以消费品工业为核心的轻工产业链完整、高附加值轻工产业快速发展，而广西轻工业内部结构“断层缺位”严重，主要集中在食品、造纸、纺织、建材等少数行业，高端服装、家用电器、智能手机、集成电路等高附加值轻工业几乎空白，这一点与经济严重失速的东北地区如出一辙，值得反思与警惕。与广东、重庆、贵州、安徽相比，广东省家电产量在全国遥遥领先，重庆市电冰箱、空调、洗衣机产量均排全国前 10 位，贵州省电冰箱年产量超过 143.12 万台、排全国第 8 位，而广西家电“四大件”几乎空白；作为新产品代表的手机，广东省产量 8.1 亿台，将近占全国一半，重庆市 1.89 亿台，排第 2 位，而广西仅 345.62 万台，相当于广东的 0.5% 和重庆的 2%；广西的微型电子计算机设备没有产量，集成电路仅 100 万块。

表 6－10　2018 年与部分省市高附加值轻工产品产量比较分析

地区		家用电冰箱（万台）	房间空气调节器（万台）	家用洗衣机（万台）	移动通信手持机（万台）	微型计算机设备（万台）	集成电路（万块）	彩色电视机（万台）
东部地区	广东	1598.72	6129.32	682.75	80818.28	4733.81	3007900	9048.27
	江苏	956.33	512.39	1891.56	4924.6	6215.03	5642400	1312.84
	浙江	618.28	1613.24	1153.43	5317.57	204.07	653600	722.19
	山东	888.4	1060.85	666.71	3254.08	0.81	4400	1695.18

续表

地区		家用电冰箱（万台）	房间空气调节器（万台）	家用洗衣机（万台）	移动通信手持机（万台）	微型计算机设备（万台）	集成电路（万块）	彩色电视机（万台）
中部地区	安徽	2631.08	3210.33	2126.03	70.04	2022.34	12500	1779.19
	江西	89.13	582.48	20.84	4648.55	96.55	100	23.21
西部地区	重庆	139.65	1848.86	362.04	18868.17	7074.08	54100	1.91
	四川	85.34	263.18	178	9437.02	5903.64	765900	1001.54
	贵州	143.12	0	0	1956.02	1.97	3800	132.74
	广西	0	0	0	345.62	0	100	100.57

资料来源：国家统计局网站。

3. 高技术产业和战略性新兴产业占比偏低

近年来广西高新技术产业快速发展，2018 年广西高技术制造业增加值增长 11.6%，高技术制造业增加值占规模以上工业增加值的比重为 7.8%。但与发达省区差距依然明显，与重庆、湖南等中西部地区相比，少了 15.1 个、2.8 个百分点，比贵州省略高 0.2 个百分点。

表 6－11　2018 年广西与全国及部分省市高新技术产业发展对比分析

指标	单位	全国	广西	广东	浙江	重庆	贵州	湖南
高新技术产业增加值增速	%	11.7	11.6	9.5	13.7	13.7	14.8	10.1
高新技术产业占规模以上工业增加值比重	%	13.9	7.8	31.5	51.3	22.9	7.6	10.6

资料来源：相关地区国民经济和社会发展统计公报。

高技术产业规模、增速与广东、贵州、重庆、湖南等地区差距明显。从广西高技术产业的总产值、企业数量、从业人员、主营业务收入等指标看，处于全国后列，不仅远落后于第一梯队的广东、江苏，与第二梯队的重庆、江西、四川、安徽等相比，也有很大的差距。2018 年广西高新技术企业 355 家，在全国排 20 位；不仅低于广东、江苏、浙江等东部省份，也低于四川、重庆、贵州等周边省份。

表 6－12　2018 年全国各省区市高技术企业对比分析

排名	省份	高新数量	排名	省份	高新数量
1	广东	8525	17	贵州	475
2	江苏	4870	18	辽宁	456
3	浙江	2785	19	天津	452
4	山东	1978	20	广西	355
5	安徽	1456	21	吉林	346
6	江西	1305	22	云南	254
7	四川	1283	23	山西	170
8	湖南	1259	24	黑龙江	156
9	湖北	1136	25	甘肃	119
10	河南	1123	26	内蒙古	93
11	上海	1027	27	海南	56
12	福建	1005	28	新疆	52
13	北京	799	29	青海	44
14	重庆	696	30	宁夏	43
15	河北	650	31	西藏	8
16	陕西	597	—	—	—

资料来源：《中国科技统计年鉴 2019》及科技部网站资料。

4. 战略性新兴产业新产品生产供给能力偏弱

与全国多数省份相比，处于低端产业比重较高、高端技术较弱、产品附加值偏低的状态，尚未形成高附加值、高效益的发展格局。2018 年，广西工业企业新产品开发项目数为 3444 项，在全国排 21 位；新产品销售收入 1833.6 亿元，在全国排 20 位。全区新能源汽车产量约 3 万辆，而重庆达到 80 万辆；重庆的微型计算机和平板电脑，四川的数控设备、移动基站设备、传感器，陕西和贵州的集成电路等产品产量均取得高速增长，而广西处于空白状态。新一代信息技术产业企业以来料加工附加值含量较低的电子终端组装为主，高附加值产品占比不足。按照最新战略性新兴产业分类目录（工业部分）分类，在全部七大类 70 小类中，广西涉及或接近的产品只有 27 个小类，产品分布面偏窄；从国家 15 类主要工业新产品产量看，广西除生产太阳能电池、智能手机、新能源汽车和城市轨道车辆等产品外，包括石墨烯、工业机器人、3D 打印设备、集成电路、光纤光缆等其他新产品全部处于空白状态，产品结构单一；在广西 239 种名牌产品中，属于战略性新兴产业新产品的只有15种。

表6-13 2018年广西与全国各省区市新产品对比分析

序号	地区	新产品开发项目数（项）	新产品销售收入（亿元）	序号	地区	新产品开发项目数（项）	新产品销售收入（亿元）
1	北京	11010	4136.6	17	湖北	15372	8863.0
2	天津	11797	3855.7	18	湖南	15020	7616.2
3	河北	11449	5228.9	19	广东	121523	39376.1
4	山西	3913	1941.3	20	广西	3444	1833.6
5	内蒙古	1686	1028.3	21	海南	706	105.3
6	辽宁	9876	4556.8	22	重庆	12812	4216.3
7	吉林	2842	1347.5	23	四川	13962	3576.3
8	黑龙江	3036	561.4	24	贵州	3102	747.0
9	上海	18259	9796.7	25	云南	4150	928.8
10	江苏	80921	28425.0	26	西藏	38	18.1
11	浙江	87445	23308.2	27	陕西	6103	2033.4
12	安徽	25728	9532.4	28	甘肃	1279	275.1
13	福建	18067	5300.9	29	青海	195	123.3
14	江西	15614	4511.8	30	宁夏	1350	482.6
15	山东	40440	15246.5	31	新疆	936	432.9
16	河南	16230	7688.2	—	—	—	—

资料来源：国家统计局网站。

5. 龙头企业明显偏少

产业结构不优的现实必须引起高度重视，根据第三章各地产业结构指数指标测评，2018年广西产业结构在全国处于倒数第二位，仅为2.35，这其中固然有广西长期以工业为主导的因素存在，但也应该清楚认识到广西工业占比高、大而不强的现实，工业转型升级发展迫在眉睫，广西工业应着力转变经济发展方式，加快向高效益、高质量发展的方向发展。同时，从制造业就业占工业就业比重来看，广西处在全国中游水平，排全国第14位，由于所选指标局限，该指标难以反映出该制造业发展水平。结合广西制造业发展实际情况来看，具有区域影响力和辐射力的制造中心、制造基地较为缺失，电子信息、生物医药、机械、汽车等制造业基地规模小、布局散，制造产品在国内国际竞争力不强，多数仍处在产业链中低端水平，制造业发展较为缓慢。根据中国企业联合会、中国企业家协会发布的2018年中国企业500强榜单，广西仅有6家企业入围中国企业500强，分别为广西投资集团有限公司、广西建工集团有限责任公司、广西柳州钢铁集团有限公司、广西北部湾国际港务集团有限公司、广西玉柴机器集团有限公司、广西盛隆冶金有限公司。

表6－14　2018年广西入围中国企业500强企业名单、排名、营业收入

序号	企业名称	排名（位）		营业收入（万元）	
		2017	2018	2017	2018
1	广西投资集团有限公司	135	128	11698600	13217082
2	广西建工集团有限责任公司	191	183	7906651	9051117
3	广西柳州钢铁集团有限公司	238	248	4777764	6839830
4	广西北部湾国际港务集团有限公司	392	337	3646273	4643424
5	广西玉柴机器集团有限公司	455	448	3137203	3580665
6	广西盛隆冶金有限公司	498	499	2859460	3114547

资料来源：中国企业联合会、中国企业家协会发布的《中国企业500强》（2017年）和《中国企业500强》（2018年）。

目前，广西产业发展缺乏现代龙头带动示范型企业，现有龙头企业发展质效偏低，民营企业发展严重滞后。大中型企业数量偏少，带动能力偏弱，尚未形成“大企业顶天立地、小企业铺天盖地”的发展格局。2018年，广西大中型企业数量在全国排13位，主营业务收入在全国排19位，利润总额在全国排20位，利润率在全国排20位。大中型企业利润率低于贵州、云南2.84个、0.25个百分点，年均主营业务收入低于新疆、海南、江苏、安徽等省份。进入2018年中国制造业500强的12家龙头企业以钢铁、机械、汽车产业等传统产业为主。与全国及发达省份相比，广西民营经济欠发达、小微企业数量偏少，经济增长依赖大中型企业支撑。广西大中型企业的产值规模总体较小，强优企业数量偏少是突出短板，下一步必须着力增强各类市场主体活力，积极培育企业和推动做大做强，特别是须加强对中小企业发展的支持，努力实现“大企业顶天立地、小企业铺天盖地”的发展格局。

表 6-15　2018 年广西与相关省区市大中型企业对比分析

年份	企业单位数（个）	主营业务收入（亿元）	利润总额（亿元）	利润率（%）
北京	649	21435.7	1276.2	5.95
天津	641	17549.7	1046.6	5.96
河北	1890	37835.5	1684.1	4.45
山西	1086	19252.1	1199.2	6.23
内蒙古	573	14023.1	1165.8	8.31
辽宁	1143	26489.9	1227.3	4.63
吉林	560	13637.5	688.9	5.05
黑龙江	467	9078	407.4	4.49
上海	1325	38445.7	2659.3	6.92
江苏	6790	128085.6	5864.3	4.58
浙江	4748	68653.8	3080.1	4.49
安徽	1595	39354.9	1358.4	3.45
福建	3282	51298	2345.4	4.57
江西	1775	32077.4	1240.9	3.87
山东	4641	92703.6	3643	3.93
河南	5416	46627.6	2139.1	4.59
湖北	1998	42358.1	1682.7	3.97
湖南	2247	34850.5	958.7	2.75
广东	10234	135616.1	6587.4	4.86
广西	1418	18707.9	821.8	4.39
海南	84	2202.3	106.7	4.84
重庆	1282	19674.7	656.8	3.34
四川	2090	40646.7	1757.1	4.32
贵州	546	9390.8	679	7.23
云南	578	13227.4	613.9	4.64
西藏	15	257.6	-1.1	-0.43

续表

年份	企业单位数（个）	主营业务收入（亿元）	利润总额（亿元）	利润率（%）
陕西	872	23060.4	1811.9	7.86
甘肃	251	8888.9	225.1	2.53
青海	110	2177.9	28.6	1.31
宁夏	167	4305.6	102.1	2.37
新疆	408	10328.2	593	5.74

资料来源：国家统计局网站。

广西应充分认识这一差距，加快推动产业结构调整，促进产业纵向延伸、横向嫁接、跨界融合。强化企业市场主体地位，支持企业间战略合作和跨行业跨区域兼并重组，促进大中小企业协调发展，提高规模化、集约化经营水平，培育一批综合实力强的企业。加快推进工业与服务业融合发展，推动经营模式创新和业态创新，促进生产型制造向服务型制造转变。大力发展与制造业紧密相关的生产性服务业，积极探索高端高质高效的产业融合发展模式。

（四）瓶颈之四：创新能力薄弱

当前，新一轮科技革命和产业变革步伐加快，新技术、新产品、新科技研发应用日新月异，未来国际竞争的大势是科技的竞争，谁掌握科技领域的制高点，谁就能在该领域赢得未来市场，实现产业培育接续和转型升级。而科技发展的立足点是创新，创新是支撑一个地区发展的关键前提。国内创新创业浪潮风起云涌，就创新能力来看，广西创新水平较全国水平落后，其2018年广西规模以上工业企业R&D人员数量、R&D经费、R&D项目数量、R&D强度分别为17228人、89.1亿元、2884项、0.71%，在全国排第22位、第23位、第21位、第27位，处于中下游区间（见表6-16）。研究与试验发展（R&D）经费投入超过千亿元的省（市）有4个，分别为广东、江苏、山东、浙江。研究与试验发展（R&D）经费投入强度（与地区生产总值之比）超过全国平均水平（2.19）的省（市）有6个，分别为北京、上海、广东、江苏、天津、浙江。广西与上述地区在创新研发上差距明显，创新能力薄弱成为制约广西工业高质量发展和工业化进程的关键"绊脚石"。

表 6-16 各省区规模以上工业企业 R&D 活动情况统计（2018 年）

序号	地区	R&D人员（人）	R&D经费（万元）	R&D项目数（个）	R&D强度（%）	序号	地区	R&D人员（人）	R&D经费（万元）	R&D项目数（个）	R&D强度（%）
1	北京	46929	2740103	7039	6.17	17	湖北	105041	5255194	13574	2.09
2	天津	53280	2528761	11440	2.62	18	湖南	102800	5167217	15311	1.81
3	河北	68956	3819916	9921	1.39	19	广东	621950	21072031	76985	2.78
4	山西	27228	1312531	3243	1.05	20	广西	17228	891031	2884	0.71
5	内蒙古	15777	1033594	2318	0.75	21	海南	1971	113708	548	0.56
6	辽宁	53133	3006014	9225	1.82	22	重庆	61956	2992091	12484	2.01
7	吉林	11124	575015	1715	0.76	23	四川	77848	3423923	11779	1.81
8	黑龙江	13110	605680	2631	0.83	24	贵州	20041	762280	2860	0.82
9	上海	88016	5548768	12442	4.16	25	云南	24048	1070172	4216	1.05
10	江苏	455530	20245195	72426	2.70	26	西藏	326	8625	35	0.25
11	浙江	394147	11473921	77940	2.57	27	陕西	39315	2165554	4470	2.18
12	安徽	106744	4973027	16695	2.16	28	甘肃	8026	476151	1305	1.81
13	福建	120723	5249417	18716	1.80	29	青海	1157	67716	220	0.60
14	江西	67394	2677714	13658	1.41	30	宁夏	7060	369910	1739	1.23
15	山东	236515	14184975	46625	2.15	31	新疆	5806	448779	1081	0.53
16	河南	128054	5289250	16774	1.40	—	—	—	—	—	—

资料来源：根据《2018 年全国科技经费投入统计公报》公开数据整理而来。

从专利申请量和授权量上看，2018 年，广西专利申请量为 44224 件，专利授权量为 20551 件，分别在全国排第 20 位和第 19 位。与周边省份相比，专利申请量低于四川（152987 件）、江西（86001 件）、重庆（72121 件）、贵州（44508 件），仅高于云南（36515 件）。专利授权量低于四川（87372 件）、江西（52819 件）、重庆（45688 件），略高于云南（20340 件）、贵州（19456 件）。

（五）瓶颈之五：信息要素不足

当前，全球信息化不断提速，信息资源的争夺已经成为国际竞争的新阵地，谁掌握的信息资源越多，谁越能赢得竞争优势。总体来看，广西制造业与互联网融合发展的广度和深度不够，两化融合国家示范试点创建工作推进缓慢，两化融合转型升级示范企业及试点企业数量不足，移动互联网、云计算、大数据、物联

表 6－17　2018 年我国专利申请量和专利授权量

序号	地　区	专利申请量（件）	专利授权量（件）	序号	地　区	专利申请量（项）	专利授权量（项）
1	北京	211212	123496	17	湖北	124535	64106
2	天津	99038	54680	18	湖南	94503	48957
3	河北	83785	51894	19	广东	793819	478082
4	山西	27106	15060	20	广西	44224	20551
5	内蒙古	16426	9625	21	海南	6451	3292
6	辽宁	65686	35149	22	重庆	72121	45688
7	吉林	27034	13885	23	四川	152987	87372
8	黑龙江	34582	19435	24	贵州	44508	19456
9	上海	150233	92460	25	云南	36515	20340
10	江苏	600306	306996	26	西藏	1469	755
11	浙江	455590	284621	27	陕西	76512	41479
12	安徽	207428	79747	28	甘肃	27882	13958
13	福建	166610	102622	29	青海	4439	2668
14	江西	86001	52819	30	宁夏	9860	5658
15	山东	231585	132382	31	新疆	14647	9658
16	河南	154381	82318	—	—	—	—

网等新一代信息技术人才紧缺，发展不充分，尚未与制造业实现深度融合。同时，自治区级两化融合试点示范园区数量较少，且空间分布不均，园区两化融合公共服务平台建设滞后。广西区内有关区域两化融合发展水平评估工作开展较少，难以详细掌握当前两化融合的发展重点和补足方向，全区对两化融合工作重视力度有待加强。区内工业企业信息化应用水平和应用技术提升速度缓慢，规模以上企业在掌握信息技术，实现产品创新、模式创新上作为不足，难以形成较大的市场效益。制造业企业在运用工业云，提升新产品研发周期、库存周转率、能源利用率等方面起步较晚，发展基础薄弱，部分企业缺少对信息要素、信息资源、信息技术掌握和应用的意识。

单就网速来看，2018 年第四季度广西闲忙加权平均可用下载速率仅为 24.93Mbit/s，居全国倒数第五位，远低于上海、北京可用下载速率，两市分别为 31.86Mbit/s、31.3Mbit/s，高于全国平均水平（28.06Mbit/s）。信息要素越优质，信息资源越丰富，通过互联网发展机会、创造价值的可能性越大，同时结合各省（区、市）网速情况，平均可用下载速率越高的省份，经济往往越活跃，创新要素越集聚。因此，广西应着力加快信息基础设施建设，以更好地服务于广西工业化进程。

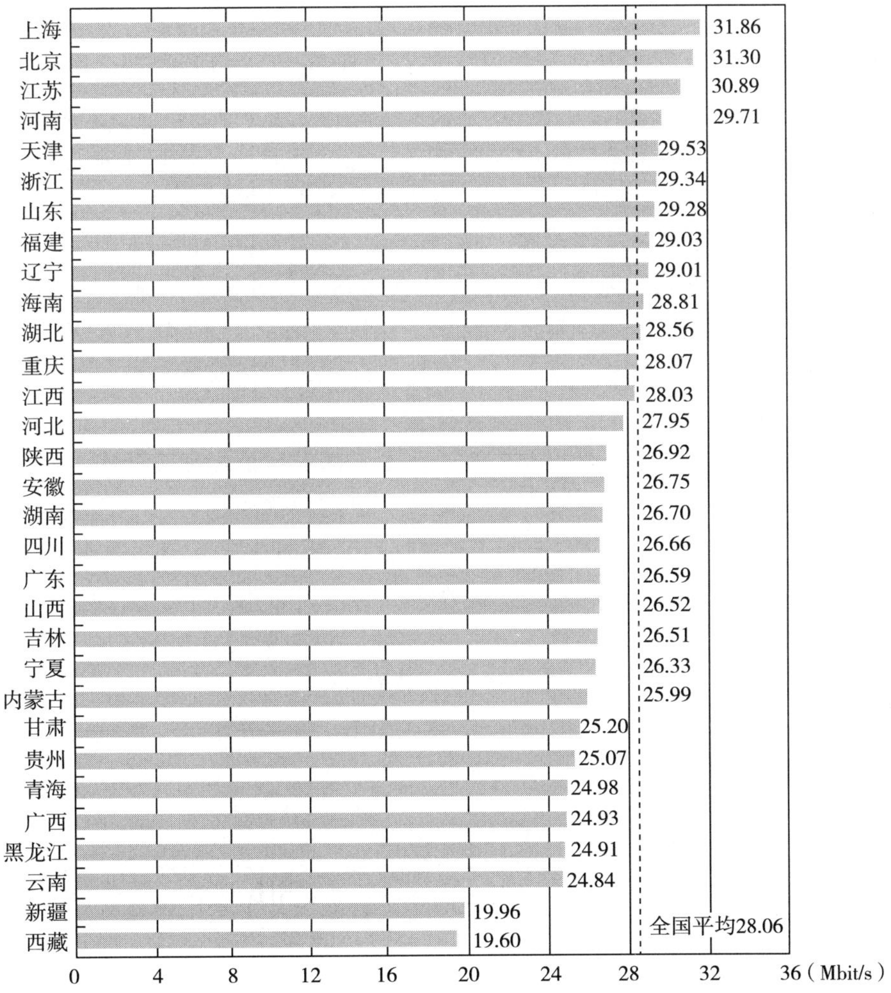

图 6－1　2018 年第四季度各省（区、市）闲忙加权平均可用下载速率

资料来源：宽带发展联盟发布的 2018 年第四季度《中国宽带速率状况报告》。

（六）瓶颈之六：产业配套欠缺

产业配套与产业自生能力是指产业在正常经营条件下能够赚取正常利润的生

产、销售能力的总和①。产业配套是支撑一个地区产业发展的重要基础，不断完善的基础设施、政务服务、政策创新等是支撑一个地区产业长远发展的根本保障。就产业配套方面来看，广西在完善产业配套基础设施、营商环境、园区服务、政策配套上仍较东部发达地区存在很大差距。

应充分认识到广西交通基础设施建设投资、新建成高速公路、高速公路通车里程数等指标在全国范围内存在的巨大差距。2017 年贵州省高速公路里程数超过 6515 公里，已超过广西（5600 公里），单从这一指标上看，广西已与贵州拉开差距。不少园区或产业基地距离市区较远，生活和商用配套设施建设滞后，交通、商贸、居住、通信、物流、医疗、娱乐、金融等功能还不齐备，不仅阻碍了企业的正常生产、销售等环节开展，而且影响了招工及员工的稳定性，对承接产业转移产生了不利影响。尤其是河池等桂西地区，经济基础薄弱，建设资金缺乏，综合配套能力亟待提升。园区建设规划在较大程度上与城镇建设规划、土地利用规划不相衔接，水、电、路、气、通信、环保、物流等基础设施与城镇规划建设体系配套不紧密，公共资源的综合配套水平较低。

区域环境是影响区域辐射力和聚集生产要素的关键。广西要吸引生产要素的聚集，不仅需要良好的自然资源、基础设施，更需要优越的管理、人文、法制等诸多“软环境”的配套。广西应进一步加快行政审批事项改革，积极推行“项目落地联系一人”“一条龙服务”等高效服务模式，着力降低投资隐性成本，营造具有竞争力的投资环境。近年来，广西围绕产业配套优化出台了一系列政策，2007 年即《广西壮族自治区党委、广西壮族自治区人民政府关于进一步转变干部作风加强机关行政效能建设的决定》，2015 年印发《关于进一步深化行政审批制度改革的意见》，2016 年印发《关于推进内贸流通现代化建设法治化营商环境的通知》，2017 年印发《广西“多证合一、一照一码”登记制度改革工作实施方案》，2018 年出台《关于进一步深化改革创新优化营商环境的若干意见》，但整体上看，广西的政策创新性、实效性与东部发达地区甚至是中西部先进地区相比均存在差距。

（七）瓶颈之七：平台载体偏少

平台载体是支撑工业发展和工业化进程的重要基础。当前，广西国家级实验室等拥有数量较少，科技平台的缺少是制约广西先进实用技术和产品发展的重要

① 韦宏．中西部地区承接东部产业转移的产业配套研究——兼论广西与江西的比较［J］．东南亚纵横，2008（8）．

因素。其中，2016 年 3 月批准依托广西师范大学建设省部共建药用资源化学与药物分子工程国家重点实验室，广西才在省部共建国家重点实验室建设中实现零突破。在通过验收的科技部第一批、第二批企业国家重点实验室名单中仅有一家是广西企业（广西交通科学研究院的国家道路桥梁检测与养护技术国家重点实验室）。同时，广西在推动科技协同创新、成果共享方面存在一定的滞后性，在汇集技术项目、技术需求、政策法规、机构、人才等技术交易相关信息能力较弱，科研院所、企业、中介机构等技术交易资源相对分散，缺少有效整合。开展技术转移和商务服务，实现跨机构、跨区域的技术交易信息共享与协同合作的基础不扎实，技术交易市场不发达，企业参与度不高，科技成果产业化不强。根据前三批科技部公布的企业国家重点实验室名单，共有 174 个企业，按照主管部门的不同，将其分布情况统计如表 6 – 18 所示。国资委直管的企业国家重点实验室数量最多，达到 49. 5 个，山东、广东、北京、江苏、河南五省市拥有的企业数量在各省（区、市）中依次居于前五位，山东省国家重点实验室数量较多，且相当一部分位于青岛市，而广西、吉林、海南、青海仅有一个企业国家重点实验室，2018 年南宁市仅拥有 10 家国家认可实验室，1 家国家重点实验室（广西农垦明阳生化集团股份有限公司的非粮生物质酶解技术国家重点实验室），建成 6 家广西技术创新示范企业，71 家自治区级企业技术中心，21 家自治区级研发中心，70 家市级企业技术中心。平台载体的缺失不仅表现出广西在科技发展水平上的滞后，更体现出其经济发展水平和企业发展实力不强的现实，重点实验室是研发实验的核心载体，孕育着未来科技的发展，掌握着未来经济发展制高点和制胜点，广西在这一方面的缺失应引起高度关注。

表 6 – 18　2018 年各省（区、市）企业国家重点实验室名单

地区	实验室（个）	地区	实验室（个）
安徽	3. 5	内蒙古	2
北京	9	宁夏	2
福建	3	青海	1
甘肃	2	山东	16
广东	11	山西	3
广西	1	陕西	3
贵州	2	上海	6

续表

地区	实验室（个）	地区	实验室（个）
海南	1	四川	2
河北	6.5	天津	4
河南	8.5	西藏	0
黑龙江	2	新疆	0
湖北	4	云南	2
湖南	7	浙江	2
吉林	1	重庆	1.5
江苏	9	中国铁路总公司	1.5
江西	2	国资委管辖	49.5
辽宁	6	全国	174

注：之所以出现0.5之类的情况，是由于某企业国家重点实验室由两省企业共建。

资料来源：根据通过验收的科技部第一批、第二批、第三批企业国家重点实验室名单整理。

（八）瓶颈之八：区位优势挖掘不充分

区位优势即区位的综合资源优势，即某一地区在发展经济方面客观存在的有利条件或优越地位。其构成因素主要包括：自然资源、地理位置，以及社会、经济、科技、管理、政治、文化、教育、旅游等方面，区位优势是一个综合性概念，单项优势往往难以形成区位优势。因此，脱离了当地经济的社会发展条件，谈区位优势是没有意义的，同时，区位优势是一个可变化的概念。虽然广西具有沿海、沿边、沿江的区位优势，同时处在我国大陆东、中、西三个地带的交汇点，是我国唯一与东盟既有陆地接壤又有海上通道的省区，是华南经济圈、西南经济圈与东盟经济圈的结合部，是中国通往东盟最便捷的国际大通道，是西南地区最便捷的出海口，也是联结粤港澳与西部地区的重要通道。但总体上广西区位优势不够明显，区位优势挖掘不够充分，总体来看，广西由于区位条件限制，整体物流成本较高，物流配套不完善，主要表现在货物运输里程和周期长方面，物流及管理成本高，造成产品成本高，不利于外来资源的进入。以沿海港口物流来看，航线少、班次少，导致西南、中南地区大量产品物流的流失，降低了广西承接产业转移的竞争力①。当前我国物流成本占 GDP 的比重约 16%，比美国、德国、日本等西方发达国家高出 7 ~8 个百分点。广西的物流总费用占 GDP 的比重达到 17.8%，比全国高出 1.8 个百分点，其中占总成本比重 65.5% 的运输费用比全国高出 10.5 个百分点。

单以长沙与南宁区位优势对比来看，南宁在经济发展、人口规模、机场吞吐量、高铁时距、高校建设、企业实力、本硕博人才培养上，与长沙都有不少差距，南宁仅在行政面积一项指标占优，从而可以综合判断长沙区位优势较南宁更加明显。特别是在高校建设、人才培养，南宁与长沙差距较大。广西应继续加大教育投入力度，力争培养更多硕博人才和高层次人才，夯实工业化进程的人才支撑。针对当前国内主要地区围绕高铁建设进行的激烈竞争，广西应加密机场航线，设计、建造更高时速的高铁，依托交通改善，提升区位优势。

表 6 -19　2018 年长沙与南宁区位优势部分关键性指标对比

指标＼城市	长沙	南宁	对比（长沙/南宁）
地区生产总值（亿元）	11003.41	4026.91	2.73
年末常住人口（万人）	815.47	725.41	1.12
人均 GDP（元）	14400	55901	0.26
行政面积（平方公里）	11819.5	22626.95	0.52
#单位面积 GDP 贡献（亿元/平方公里）	0.93	0.18	5.17
#单位面积人口集聚度（人/平方公里）	689.9	320.6	2.15
地方一般公共预算收入（亿元）	950.23	358.96	2.65
机场吞吐量			
#旅客吞吐量（万人）	2530	1156.0	2.19
#货物吞吐量（万吨）	14.5	10.5	1.38

① 一个 40 尺柜从北海至香港的海运费用约为 5800 元，北海至深圳陆运费用为 9000 ~12000 元，北海到香港的两地牌货车费用一般为 12000 元以上。北海港每周只有 3 ~4 班船到香港，船期不够稳定，很多企业为了及时交货，只能通过支付高额陆路运费出口交货，增加了物流费用。2014 年下半年码头仓单录入费用由 50 元涨至 200 元。建兴公司海运报关单约 1000 票/年，在舱单录入费未上涨前，年仓单录入费约 5 万元；舱单录入费涨至 200 元/票以后，年仓单录入费 20 万元，增加成本 15 万元。

续表

城市 指标	长沙	南宁	对比 （长沙/南宁）
高铁时距			
#至北京时间	5 小时 40 分	13 小时 9 分	0.39
#至上海时间	4 小时 26 分	12 小时 10 分	0.35
#至广州时间	2 小时 19 分	3 小时 19 分	0.7
高校建设、人才培养			
高校数量（所）	56	33	1.7
985/211	3/4	0/1	/
双一流大学/双一流学科	3/12（1 个为自定）	0/1（自定）	/
高校毕业生（万人）	16.7	约 8.95	约 1.9
#硕博士毕业生（人）	约 15000	约 2300	约 6.5

资料来源：杨鹏，李瑞红．从长沙之“长”，看南宁未来发展［J］．广西城镇建设，2017（10）；数据更新至 2018 年。

（九）瓶颈之九：资源能源制约

突出表现为“二低、三不足”。“二低”，即产业层次偏低、产业外向度低。当前，广西产业层次偏低，缺煤少油乏气矿藏贫的矛盾凸显，对自然资源要素依赖程度高；低端产能过剩矛盾突出，产品技术含量和附加值不高，企业核心竞争力不强。产业外向度低。当前广西进出口总额仅占全国 1.3%，工业产品出口交货值仅占全区工业销售产值的 4.0%，外商及港澳台控股企业在全区工业中权重下降，需要引起关注。“三不足”，即产业结构不合理、创新能力和高端产业发展不足、高质量经济不充分特征显露。其一，产业结构不合理。传统资源型产业比重过大，高技术产业占比不到 10%，高耗能产业占比近 40%，广西产业层次和全国特别是发达地区相比差距较大，与构建现代化产业体系的要求相去甚远。其二，创新发展能力不足。科技基础薄弱，创新主体能力不足，创新体制机制不健全，综合科技进步水平指数仍然在全国排位靠后，科技创新还存在不少问题。其三，高质量经济供给不充分。当前，广西工业面临不平衡不充分的问题更为突出，制造业整体上仍处于价值链的中低端，难以适应国内外需求的变化。支柱产业相对低端低效，先进制造业发展占比低，高新技术产品空缺严重。例如在十大支柱产业中，《中国制造 2025》大力提倡发展的先进装备制造业仅有汽车、计算机通信电子设备、电气机械及器材三个行业入围，在列入国家装备制造业的180种工业产品中，具有生产能力的仅93种。先进装备制造业增速普遍低于重庆、贵州等地区，高端服装、家用电器、智能手机、集成电路等高附加值轻工业几乎空白，这一点与经济严重失速的东北地区如出一辙，值得反思与警惕。

（十）瓶颈之十：发展环境不优

1. 国内外发展环境日趋严峻

国际层面。新一轮科技革命和产业变革正在兴起，利用信息通信技术提升传统制造业的竞争力正成为全球趋势，人工智能成为未来的发展方向。全球在“工业4.0”领域分为三个阵营，第一阵营是以德国和美国为代表，布局抢占第四次工业革命的话语权，积极争取成为全球标准的制定者。第二阵营是以日本、法国等为代表的发达国家，纷纷实施“再工业化”战略，重塑制造业竞争新优势，力求在后危机时代中占领科技制高点。第三阵营以中国、印度、南非等发展中国家为代表的第四次工业革命追赶者，中国制造业整体尚处于由工业2.0向工业3.0过渡的阶段，要实现智能制造发展，建成制造强国，抢占制造业新一轮竞争制高点，面临着严峻挑战。同时，中美贸易摩擦对中国制造强国战略实施带来了新的不确定性。

国内层面，近年来，随着全球工业4.0加快普及、国内经济下行压力进一步加大，制造强国、网络强国深入实施，各省区市纷纷围绕制造强国和网络强国战略出台了强有力的扶持政策，围绕制造业招商引资、产业孵化、科技创新，积极参与全球产业链、价值链、创新链的重构，着力在高端装备制造、电子信息产业、新材料、节能环保、生物医药等新兴产业和细分产业领域发力，建设新兴产业孵化基地、产业园区，抢占制造业发展制高点。2016年以来，20余座城市先后加入“抢人大战”，以北京、上海、广州、深圳为代表的一线城市，侧重于行业“高精尖”技术人才，以武汉、长沙、西安、成都、重庆等为代表的二线城市侧重于中高端人才的吸引，寄希望于通过大量熟练劳动力的引入支撑地方工业的发展壮大和转型升级。在新时代下，对于经济发展水平不高、工业化技术积累不足的广西而言，在新一轮制造业变革和人才争夺中，广西工业尤其是新兴产业所面临的竞争压力更加明显。

2. 缺乏项目培育引进竞争力

当前，全国范围内工业招商引资竞争激烈，面对其他省区“抢商抢资”的态势，广西工业发展生产要素成本偏高、政策优势并不明显、政务环境不优等问题突出，严重制约招商引资。工业园区规划编制仍不完善、城规土规不相协调问题普遍，基础设施建设滞后、产城融合推进缓慢。虽然近年来，广西通过深化电力体制改革，建立区域电网，持续推进电力市场化交易，有效降低了工业企业用电成本，但与广东、云南、贵州、四川、重庆等周边及西部省份比较来看，广西工业用电价格仍然偏高。在电力市场化改革方面，云南省走在了全国前列，形成了“一个平台、两个主体、三个市场、四种模式”的电力化市场格局，截至2018年底，已经实现全部经营性用电全电量覆盖，电力市场化交易率全国最高，用户侧平均成本价较目录电价每千瓦时降低0.116元，实现了全国电价水平最低。

在天然气价格补贴方面，广东省出台的《关于促进民营经济高质量发展的若干政策措施》完善了管道燃气定价机制，并在2018年底前将省天然气管网公司电厂用户的代输价格降至0.15元/立方米，其他用户代输价格降至0.2元/立方米。佛山市对工业企业使用管道天然气给予0.1元/立方米的气费补贴。重庆市对城镇燃气企业转供的具有调峰能力的工业企业日均用气量超过1万立方米的部分，督促城镇燃气企业继续执行0.1~0.3元/立方米的配气价格优惠，降低企业用气成本。

在工业品运输价格方面，由于目前广西物流体系不够完善，第三方服务等配套服务存在短板，铁路、公路、航空、水运等多式联运物流体系还不健全，运输和物流效率低，导致货物流通成本过高。为积极应对工业品物流成本过高的问题，广西虽采取了很多政策措施，但与一些外省相比，无论在政策力度上和效果上均存在一定差距。如在公路运输方面，广西出台《进一步减轻企业税费负担若干措施》（桂政办发〔2018〕50号）提出“严格落实国际标准集装箱运输车辆通行费减半等减免政策：自2018年7月1日起，将货车的城市道路和桥梁通行费收费标准降低50%”。目前广东、湖北等省出台的降低企业物流成本的举措优惠力度更大，对企业减负的效果更显著。例如广东省出台的《降低制造业企业成本支持实体经济发展若干政策措施（修订版）的通知》（粤府〔2018〕79号）提出省属国有交通运输企业全资和控股的高速公路路段对使用粤通卡支付通行费的合法装载货运车辆，试行通行费八五折优惠。推动市属高速公路路段试行货车通行费八五折优惠。湖北省2017年出台的《关于进一步降低企业成本振兴实体经济的意见》提出使用通衢卡的货车用户，高速公路通行费享85折优惠，《关于进一步降低金业成本增强经济发展新动能的意见》（鄂政办发〔2018〕13号）提出使用高速公路通衢卡电子支付的货车通行部分收费标准较高高速公路时，通行费优惠幅度提高到20%。

二、工业化瓶颈问题的溯源分析

广西工业化瓶颈问题的存在既有现实原因，也有历史原因，并主要体现在人才基础、产业结构、创新能力等方面，这些瓶颈问题是相互交织的，同时须认识到广西工业化瓶颈问题的背后原因包括诸多方面，这些原因也是相互交织的，共同导致这些瓶颈性问题。

（一）人口综合素质的制约

所谓人口综合素质主要包括业务素质、心理素质、职业道德、文化水平、学习能力，新增劳动力受教育年限是表示人口综合素质的一个重要指标。平均受教育年限计算方法是以现行学制为受教育年数，与各文化程度人数进行加权平均。就 2008 年、2012 年、2018 年广西各市平均受教育年限来看，广西平均受教育年限最高的市是南宁市，但其 2018 年人均受教育年限约为 0. 51 年/人，10 年来，南宁人均受教育年限呈现逐步提高。而柳州、贺州、来宾呈曲折下降态势，可以看出，梧州、北海、防城港在人均受教育年限增长较为缓慢。广西整体受教育年限增长缓慢，在一定程度上制约了广西人口综合素质的提升。

表 6－20　2008 年、2012 年、2018 年广西人均受教育年限　单位：年/人

城市	2008 年	2012 年	2018 年
南宁	0. 43	0. 45	0. 51
柳州	0. 34	0. 31	0. 33
桂林	0. 33	0. 32	0. 41
梧州	0. 35	0. 35	0. 36
北海	0. 37	0. 35	0. 38
防城港	0. 29	0. 29	0. 32
钦州	0. 31	0. 29	0. 38
贵港	0. 35	0. 35	0. 44
玉林	0. 34	0. 31	0. 38
百色	0. 26	0. 25	0. 34

续表

城市	2008 年	2012 年	2018 年
贺州	0.37	0.30	0.27
河池	0.28	0.28	0.35
来宾	0.32	0.27	0.30
崇左	0.25	0.21	0.35

长期以来，广西工业化进程的科技教育支撑能力明显不足，科研机构和学术机构明显偏少，工业科技研发投入明显不足，重复性建设现象比较突出，高层次、高素质科研人才严重匮乏，专业人才引育和产业人才队伍规模化、高端化建设滞后。由于“老少边山穷”的地域特色，广西在人才引进和人口综合素质提升方面存在较大瓶颈，人口综合素质较低无法支撑工业化进程的持续发展。

（二）体制机制创新的制约

体制机制具有基础性、持久性和稳定性，要把改革创新体制机制作为推动工业化进程的重要引擎，创新理念，破除体制机制障碍，构建更具活力的体制机制是一个地区工业化进程的重要保障。习近平总书记指出，“以优质的制度供给、服务供给、要素供给和完备的市场体系，增强发展环境的吸引力和竞争力”。制度供给的一个重要体现就是体制机制供给，良好的体制机制有利于集聚优质资源和提升资源配置效率效能。体制机制包含的内容众多，就广西而言，体制机制创新能力较弱，推动制度环境完善的措施和力度仍须加强，区内个别市县在某些领域不够开放，地方保护主义的痕迹仍然明显，这对市场机制的运行不利，也限制了当地经济社会的发展。同时，广西在部分领域市场监管机制不够完善，尚未全面形成企业自重、行业自律和政府自觉相结合的协调运行机制，资源跨省区、跨市县的流动制度障碍有待破除，市场配置资源的效率有待提升。市场自发驱动工业升级发展的体制机制不健全，在有些领域，因过高的行业准入门槛、地方保护主义、行政性垄断、管理体制僵化等，导致资本、技术、人才、管理等要素跨行业、跨地区、跨所有制的流动性不足，创新资源和要素的配置和利用效率不高。一些产能过剩行业企业市场化退出机制不健全，阻碍了落后工业产能的淘汰。电力、天然气等能源价格市场化程度不高，影响了市场内在驱动机制作用的发挥。

行政区划阻碍区域合作的情况仍然出现，接受粤港澳大湾区辐射带动，加快两广经济一体化发展的体制机制不健全，跨省地市层面的区域合作模式较为缺失。同时，广西工业人才培养机制有待优化，创新工业人才培养模式，多层次、跨领域的工业专业人才培养能力不足，科技教育合作机制较为落后，广西高校与区外高校联合办学、联合培养人才较少，各类教育培训工作有待强化。区内工业企业人才股权激励制度推广较慢，科研人员和科研单位分享科技成果转化收益机制亟待完善。同时，广西在承接产业转移、创新招商机制上仍有待加强。加强开展市场化招商工作，须推动奖励机制的落实，拓宽信息渠道，深入开展市场化招商工作。

（三）质量品牌培育的制约

质量品牌是支撑一个企业发展的重要基础，是提升产品附加值和价值链的重要依靠，也是塑造一个地区形象的重要支撑。但广西工业质量品牌培育制约明显，无论从已经退出历史的"中国驰名商标"①，还是仍在使用的"中国驰名商标"，广西名牌产品、高质量产品数量均不多。从中国驰名商标查询情况来看，广西"中国驰名商标"数量仅有 19 个，仅相当于全部"中国驰名商标"数量的 0.34%，在全国各省份中排名倒数第二，仅高于西藏（10 个），数量上远低于发达地区，约是广东、山东的 1/23，约为福建的 1/16，可见广西在名牌产品拥有量上明显欠缺。同时，广西"中国驰名商标"种类主要集中在医药、食品等领域，而现代制造业领域名牌产品数量缺少。主要商标包括：源安堂（广西源安堂药业有限公司）、JIABAO（贺州嘉宝食品有限公司）、柳工（广西柳工集团有限公司）、三金 SANJIN（桂林三金药业股份有限公司）、南方（广西黑五类食品集团有限责任公司）、两面针（柳州两面针股份有限公司）、漓泉［燕京啤酒（桂林漓泉）股份有限公司］、真龙（广西中烟工业公司）、田七（广西梧州奥奇丽集团股份有限公司）、丹泉（广西丹泉酒业有限公司）等。另外，这 19 个商标中还有部分服务业、农业商标，总体来看，支撑广西工业化进程的质量品牌存在严重不足。

（四）产业发展机遇的错失

广西工业化进程滞后有历史原因，广西在工业产业体系培育、建设上起步较晚，工业基础薄弱，错失了几次构建工业体系构建的历史机遇。从中华人民共和国成立以来，广西先后错过了"一五"计划、"三线建设"等国内工业布局机遇。"一五"时期广西在"156 项工程"中缺失严重，并未布局一个项目在广西。

---

① 中国名牌是国家质检总局授予内地优秀企业的一个奖项，"中国名牌"标志自 2001 年启用。质检总局开始每年举办一次"中国名牌产品"评选，并于 2005 年推出"中国世界名牌产品"的评选。但 2008 年随着质检总局的职能调整，不再直接办理与企业和产品有关的名牌评选活动。

表 6-21　2018 年各省（区、市）“中国驰名商标”拥有量查询结果

地区	拥有量（个）	地区	拥有量（个）
安徽	114	辽宁	207
北京	162	内蒙古	48
福建	302	宁夏	30
甘肃	34	青海	25
广东	439	山东	421
广西	19	山西	66
贵州	23	陕西	51
海南	21	上海	128
河北	178	四川	176
河南	116	天津	109
黑龙江	62	西藏	10
湖北	129	新疆	30
湖南	267	云南	55
吉林	101	浙江	368
江苏	418	重庆	76
江西	63	全部	5631（各省累计 4248）

资料来源：通过中国驰名商标官网，按照驰名商标 > > 驰名商标 > > 行政认定 > > “省（区、市）”搜索查询。查询日期：2018 年 4 月 1 日。

表 6-22　“一五”时期 156 个工业项目分布情况

地区	分布量（个）	地区	分布量（个）
辽宁	24	陕西	24
黑龙江	22	甘肃	16
河南	13	吉林	11
四川	9	湖北	9
河北	8	山西	7

续表

地区	分布量（个）	地区	分布量（个）
湖南	6	内蒙古	5
云南	5	北京	3
江西	3	新疆	3
重庆	2	安徽	1
宁夏	1	全国	156

而在“三线”建设时期（1964～1980年），广西固定资产投资与西部的四川、贵州等存在较大差距，“三线”是一个具有军事和经济地理含义的区域概念，相比一线、二线而言，三线区域位于我国腹地①。总的来看，与西南省份相比，广西在三线建设中投资相对较少。以贵州为例，贵州的工业企业主要是20世纪50年代后期和三线建设时期发展起来的，特别是“大三线”建设期间，煤炭、电力、冶金、机械、电子、化工、建材、食品等地方工业，以及航空、航天、军工电子、兵器、核工业等国防科技工业得到全面发展，新建项目填补了贵州的工业空白，初步形成了较为完整的现代工业体系。广西的“三线”建设主要集中在桂西和桂西北地区，广西的船舶工业和航天航空工业是在“三线”建设期间打下的基础②。从表6－23有关三线建设期间西南民族地区三省（区）固定资产投资规模来看，在1964～1978年15年，贵州、云南和广西的固定资产投资额分别为124.12亿元、128.23亿元和83.99亿元，分别占全国固定资产投资总额的2.87%、2.97%和1.94%，而同期四川占全国的8.41%。以上两个阶段建设的“缺位”，是造成广西“后发展欠发达”和工业化进程滞后的关键影响因

① “三线”具体包括西南的四川、贵州、云南，西北的陕西、青海和甘肃的大部分地区，中原的豫西、鄂西，华南的湘西、粤北、桂西北，华北的山西和冀西地区，是我国的大三线。资料来源：孙顺太. 156项工程与三线建设比较研究［J］. 大理学院学报，2011，10（5）. 从行政区域看，我国大陆国境线向内陆收缩，形成三个带，一线地区包括沿海和边境省份，如北京、上海、天津、辽宁、黑龙江、吉林、新疆、西藏、内蒙古、山东、江苏、浙江、福建、广东等，三线地区包括基本属于内陆的四川、贵州、云南、陕西、甘肃、宁夏、青海7个省（区）及山西、河北、河南、湖南、湖北、广西等省（区）靠内地的一部分，共涉及13个省（区）。西南、西北地区的川、贵、云和陕、甘、宁、青称为“大三线”，各省份靠近内地的腹地称为“小三线”，介于一、三线地区之间地带，就是二线地区。

② 1966年，为运输支援越南抗美物资，中央批准在柳州兴建西江造船厂，在梧州兴建桂江造船厂；1965年，在第七机械工业部领导下，桂林电机厂开始生产航天继电器和接插件，成为中国航天工业第一家继电器和接插件专业厂；1979年，航天工业部在桂林筹建桂林航天工业高等专科学校。资料来源：蒙爱群，覃坚谨. 广西三线建设的概况［J］. 传承，2008（2）.

素，要从历史的维度予以客观深刻的认识。

表 6－23 西南四省区三线建设固定资产投资规模（1964～1978 年）

单位：亿元

年份＼省份	贵州	云南	广西	四川	全国
1964	3.62	4.01	2.69	7.60	144.12
1965	8.95	8.03	2.86	19.80	179.61
1966	10.10	10.77	4.15	33.19	209.42
1967	6.11	7.91	3.26	19.45	140.17
1968	5.27	3.94	1.94	10.58	113.06
1969	6.23	9.08	4.17	28.48	200.83
1970	12.74	9.54	5.90	40.83	312.55
1971	16.53	9.23	5.85	37.04	340.84
1972	11.56	9.26	6.48	28.44	327.98
1973	7.61	9.30	6.13	22.55	338.10
1974	5.90	9.15	6.78	20.47	347.71
1975	7.30	9.42	7.62	27.86	409.32
1976	6.29	8.53	8.60	19.80	376.44
1977	6.63	8.29	7.95	19.05	382.37
1978	9.28	11.77	9.61	28.37	500.99
合计	124.12	128.23	83.99	363.51	4323.51
占比（%）	2.87	2.97	1.94	8.41	100.00

资料来源：《中国固定资产投资统计年鉴（1950～1995）》，中国统计出版社 1997 年版，《广西统计年鉴 1990 年》；部分文献参考徐有威，陈熙．三线建设对中国工业经济及城市化的影响［J］．当代中国史研究，2015，22（4）．

同时，广西未能很好地抓住改革开放之后国家实行开放发展的机遇，20 世纪 80 年代国家划定 14 个沿海开放城市，其中就有广西北海，而北海并未率先发展起来，其在广西经济发展中的地位不高，对区域经济增长的拉动力更是有限。进入 21 世纪，国家实施空间大力度的西部大开发战略，出台了众多支持西部地方发展的优惠政策但就广西实际情况来看，并没有很好地利用这些政策，进行工业布局的完善，更多地将工业发展的重心放在资源开采、初级加工、外贸加工等方面上，产业链延伸不足，价值链培育不够，广西逐渐成为糖、桑蚕的主产区，但工业发展并未能很好地使当地农产品得以升值，以丝绸为例，广西目前仍以缫丝加工为主，缺少高知名度、大影响力的丝绸服装加工企业，在丝绸加工技师培养和引进上成效不大，使得区内丝绸产业仍停留在初级发展水平。2010 年之后，江苏、浙江、广东、福建等东部发达省份纷纷开始产业转移，广西同样未能很好地抓住产业转移机遇，而江西、湖南、安徽、河南等中部省份则充分利用这一契机，大力开展招商引资和企业项目落地措施完善，成功引进了一批劳动密集型、高新技术型企业，实现经济发展动能的升级和工业化进程的提速。

（五）营商发展环境的制约

一个地区营商环境质量十分关键，是该地区产业发展和工业化进程的重要环境性因素。在市场经济条件下，各种资源将以效益优先的原则确定其流向，越是优质资源，对营商环境的要求越高。根据世界银行的排名，我国营商环境整体进步比较快，但排位仍然比较靠后（2017 年全球第 78 位），广西在全国排位更加靠后，主要表现在营商环境不够开放、不够规范的现实仍很残酷，很难推动创新要素自由流动和聚集于区内重点工业行业。营商环境制度构建不完善，针对各类企业实行公平竞争的更完善的制度环境有待优化，国有与民营、内资与外资、大企业与中小微企业之间拥有平等发展机会仍难以保证，对市场机制利用水平不高。仍存在着部分市县、部分行业市场准入门槛过高的现象，市场运行监管机制不完善，难以形成企业自重、行业自律和政府自觉相结合的协调运行机制，市场秩序有待进一步规范。区内营商环境与国际国内发达地区营商环境存在较大的差距，短期内难以实现营商环境国际化与法治化，制度性交易成本仍然偏高，特别是实体经济发展成本较高，资源在跨地区流动中产生的制度摩擦仍时有发生，对国际优质资源吸引力不强。部分市县在营商环境优化上，问题导向性不强，对具有核心竞争力的优秀企业培育力度远远不够，产业发展、财税支持、要素保障等支持政策亟待完善，政策高地、政策红利尚未真正形成和根本释放。

根据零点有数集团发布的《2018 年中国营商环境升维指数研究》，2018 年全国城市营商环境总得分为 64.5 分。该研究从“城市功能发育度”“城市商业活力度”“城市政府服务能力度”“城市生活美好度”“城市人文性格度”五个维度分析了全国 279 个城市营商环境。从区域来看，东部地区、中部地区、西部地区营商环境评分分别为 74.5 分、61 分和 49 分，整体呈现出“东强西弱、南聚北散”“自西向东、一路升维”发展态势。该研究公布了 2018 年中国营商环境得分前 100 强城市名单，其中，北京、上海、深圳、广州、重庆等城市跻身前五。而广西仅有南宁入围前 100 名，排第 40 位，得分排名低于全国所有一线城市和大部分省会城市。从广西周边省份来看，入围城市数最多的是广东，达到 9 个；其次为湖南，入围前 100 城市数达到 6 个；云南和贵州各入围 1 个，均为省会城市，但昆明（第 24 位）营商环境排名高于南宁。可见广西在全国营商环境中处在较低水平，营商环境仍有巨大改善空间。

表 6－24　2018 年全国城市营商环境排名前 100 强

排名	城市	排名	城市	排名	城市	排名	城市	排名	城市
1	北京	21	宁波	41	贵阳	61	邯郸	81	德州
2	上海	22	合肥	42	潍坊	62	洛阳	82	西宁
3	深圳	23	无锡	43	济宁	63	芜湖	83	呼和浩特
4	广州	24	昆明	44	兰州	64	泰州	84	大庆
5	重庆	25	大连	45	蚌埠	65	三亚	85	株洲
6	南京	26	哈尔滨	46	淄博	66	乌鲁木齐	86	吉林
7	天津	27	石家庄	47	惠州	67	扬州	87	漳州
8	成都	28	佛山	48	中山	68	南阳	88	连云港
9	杭州	29	温州	49	烟台	69	威海	89	岳阳
10	武汉	30	南昌	50	珠海	70	衡阳	90	江门
11	西安	31	长春	51	台州	71	秦皇岛	91	菏泽
12	郑州	32	太原	52	唐山	72	宜昌	92	信阳
13	济南	33	常州	53	镇江	73	泰安	93	鞍山
14	厦门	34	徐州	54	海口	74	包头	94	安庆
15	长沙	35	银川	55	临沂	75	宿迁	95	商丘
16	青岛	36	泉州	56	绍兴	76	淮安	96	邢台
17	苏州	37	嘉兴	57	廊坊	77	聊城	97	湘潭
18	沈阳	38	南通	58	保定	78	衢州	98	上饶
19	东莞	39	金华	59	盐城	79	焦作	99	莆田
20	福州	40	南宁	60	汕头	80	湖州	100	郴州

资料来源：根据零点有数集团发布的《2018 年中国营商环境升维指数研究》数据整理。

三、广西工业化进程的重要机遇

（一）高质量发展日益受到重视

党的十九大重新定义新时代社会主要矛盾，高质量发展成为统一共识。当前，中国特色社会主义进入新时代，我国经济社会已由高速增长阶段转向高质量发展阶段。推动高质量发展成为确定发展思路、制定经济政策、实施宏观调控的根本要求。工业作为实体经济的主体，是国民经济的主导力量，工业强则国家强。当前，广西处于由工业化中期进入工业化后期的关键阶段，走广西的特色新型工业化道路，推进工业高质量发展，是工业发展必须要迈过的坎，是解决工业轻重发展不平衡、产业断层缺位、新旧动能接续不足等问题的关键所在，是保持全区工业经济可持续健康发展的必然要求。

（二）科技革命蓄势待发

新一轮科技革命和产业变革蓄势待发，颠覆性技术不断涌现，催生了大量新技术、新产业、新业态、新模式，其智能化、个性化和社会化特质塑造了灵活高效的供给体系，为工业高质量发展提供了长效机制。虽然当前广西工业发展尚处于增长速度换挡期、结构调整阵痛期、“三期叠加”的阶段，但在新一轮科技革命、产业革命的推动下，全国各地深入推进制造强国和网络强国战略、加快工业转型升级和创新发展，除东部一线城市之外，中西部各省区之间的实力差距仍不明显，这给新时代广西工业高质量发展提供了后来居上的有利时机。

（三）做优产业成为重点

国家赋予广西“三大定位”，得益于自身的独特区位优势，广西在国家新一轮对外开放格局中的地位和作用进一步凸显。广西落实好“三大定位”，必须围绕“一个独特优势”，依托“两个发展动力”，实现“三重发展目标”[①]。当前广

① 一个独特优势是指发挥广西与东盟国家陆海相邻的独特区位优势。两个发展动力是指通过加快推动广西北部湾经济区和珠江—西江经济带的开放开发，形成大面积、规模化的现代产业繁荣。三重发展目标是指形成连接海上丝绸之路与丝绸之路经济带的现代产业带，构建起连接祖国大市场与东盟地区生产要素、中间品、终产品的大通道，以及由此形成辐射、带动我国西南、中南腹地发展的引领能力。

西处于转型升级的关键时期，面临产业基础薄弱、体量较小、产业集中度偏低等问题，必须创新工业发展方式，稳步夯实产业基础，深度融入“一带一路”建设，奋力壮大工业体量，不断丰富和扩大工业对外开放。

（四）区域合作与省际合作不断深化

一是融入粤港澳大湾区建设，有利于成为粤港澳大湾区的战略延伸腹地。党的十九大、2018 年全国政府工作报告明确提出建设粤港澳大湾区，《粤港澳大湾区发展规划纲要》编制完成，粤港澳大湾区进入实质性建设阶段。当前，广西应主动融入粤港澳大湾区建设，引进技术、资金、人才、创新等先进资源要素，助推广西工业高质量发展。二是南向通道建设，为广西工业高质量发展进一步拓展发展空间。2017 年 11 月，作为有机衔接“一带一路”国际陆海贸易的中新互联互通南向通道正式开通运营，随着南向通道加快推进建设，健全完善互联互通设施、提升通关便利化水平和工业开放水平，将交通通道建成物流通道、信息通道、产业通道，创新跨国、跨省产业合作新模式，为广西工业高质量发展拓展新空间。

（五）“一带一路”建设带来新机遇

东盟地区经济发展拉动消费升级，“一带一路”建设机遇提速广西工业产品“走出去”步伐。近年来，随着东盟国家经济发展水平、城镇化水平的不断提高，东盟各国对工业制成品保持着强劲的需求，为广西工业发展提供了绝佳的机遇。近年来，在出口方面，2018 年广西外贸进出口总额 4106.71 亿元，同比增长 5%。其中，广西出口额为 2176.14 亿元，同比增长 14.6%；出口贸易产品主要为高新技术产品、机电产品及农产品等。对东盟进出口 2061.5 亿元，增长 6.3%，占 50.2%，其中对越南进出口 1749.4 亿元，增长 4.7%。广西全年边境小额贸易（边民互市贸易除外）进出口 1076.23 亿元，同比增长 22.2%。2018 年，广西机电产品出口 965 亿元，增长 22%，占 44.3%，高新技术产品（与机电产品有重合）出口增长 35.4%，其中，计算机与通信技术、机械设备表现尤为抢眼，出口值分别增长 45.7% 和 55.7%。同期，劳动密集型产品出口 642.9 亿元，增长 19.7%，占 29.5%。在主要贸易产品中，自东盟进口农产品 58 亿元，增长 58.1%；进口机电产品 50.6 亿元，增长 49.8%。藤草竹芒编、松香、水泥等初级产品曾占据广西外贸重要地位，随着技术创新能力增强和西部陆海新通道建设加快推进，广西加快形成电子信息产业集群，芯片、显示器等高新技术产品在外贸比重中显著上升，新的外贸发展优势显现。同时，中国制造业生产保持稳步扩张，推动广西对东盟国家进口商品需求的增长；另外，东盟国家经济发展态势良好，其中，广西与越南、马来西亚进出口保持稳定增长，与泰国自2016年以来实现70%以上的年均增长。

表6-25　2016~2018年广西与东盟各国进出口商品情况　　单位：亿元

国家＼时间	2016年			2017年			2018年		
	进出口	出口	进口	进出口	出口	进口	进出口	出口	进口
越南	1589.24	916.16	673.08	1626.26	930.09	696.17	1749.37	1142.13	607.23
印度尼西亚	121.29	14.59	106.71	67.31	25.90	41.42	67.40	23.91	43.49
新加坡	32.21	24.50	7.71	51.06	40.37	10.68	43.99	34.27	9.72
马来西亚	31.28	11.52	19.75	48.60	17.87	30.73	70.19	25.91	44.29
泰国	30.25	10.84	19.42	46.53	21.48	25.05	91.37	18.45	72.92
菲律宾	21.06	9.64	11.42	43.45	20.35	23.10	25.66	8.18	17.48
柬埔寨	5.20	1.52	3.68	4.35	2.32	2.03	3.82	2.95	0.87
老挝	2.63	0.97	1.66	3.26	1.35	1.91	6.17	1.07	5.10
缅甸	2.22	2.14	0.08	2.73	2.44	0.30	3.35	2.77	0.58
文莱	0.06	0.06		0.30	0.30		0.17	0.16	0.01
合计	1835.44	991.93	843.50	1893.85	1062.46	831.39	2061.49	1259.80	801.69

资料来源：《广西统计年鉴》（2019年）。

四、新时代广西工业化发展方位及坐标

党的十九大明确提出中国特色社会主义进入了新时代，我国经济已由高速增长阶段转向高质量发展阶段，这是我国经济社会发展新的方位。这个新方位也是谋划好广西工业化进程的时代坐标和根本依据。

立足区情。广西工业发展面临三个"基本事实"，一是经济发展规律趋势要求广西工业必须走高质量发展道路。目前，广西处于工业化中期阶段，制造业比较优势逐步削弱，亟须跨越转方式、优结构、换动力的关口。二是欠发达地区的区情要求广西工业高质量发展需总量、质量两手抓，必须立足产业基础，着眼产业未来发展，抓住新一轮科技革命和产业变革的历史性机遇，选择一批重点产业和领域予以重点突破。三是解决发展先进制造业与创新驱动能力不足的矛盾，需要广西在推进工业高质量发展过程中，必须有效解决产业创新力不强、创新投入不足、科技成果转化不好等重大问题，切实增强产业创新发展能力。

放眼全球。新一轮科技和产业革命蓄势待发，数字经济、共享经济加速发展，新产业、新模式、新业态层出不穷，人工智能、量子科学等新技术不断取得突破，新的增长动力不断积累，工业加速向高端、智能、绿色、服务发展转变，世界主要国家都在加紧对高端领域的布局，力图抢占未来竞争制高点。广西必须紧密结合新时代新要求，抢抓全球化的产业重构，紧紧把握新技术革命所带来的发展机遇，消除一切不利于创新的体制机制障碍，全面深化破除妨碍发展的体制机制障碍，激发市场活力，加大创新投入，转变发展方式，培育新的经济增长点。

面向未来。随着社会主要矛盾的变化，当前广西工业化发展面临诸多不平衡不充分问题。全区工业发展形势的变化，意味着工业在全区经济社会发展中的地位和意义发生重大变化，将从经济增长的主要动力逐步转变为技术创新的基础依托和实现经济良性循环、把控经济命脉的关键；意味着广西特色新型工业化道路进入战略攻坚期，将从量的积累、点的突破逐步转变为质的飞跃和系统能力的提升；意味着广西产品、广西企业、广西制造将必须更多地在价值链高端深度参与国际竞争合作。这些变化是全面深刻的变化、影响深远的变化，工业发展策略也必须做出相应的调整。广西必须立足长期积累形成的战略优势，紧扣社会主要矛盾的新变化新要求，大力推进质量变革、效率变革、动力变革，集中力量提升中高端供给能力、价值创造能力、核心技术掌控能力、绿色发展能力、生产力布局调控能力和大中小企业融通发展能力，加快建成适应科技新变化、人民新需要、优质高效多样化的产业供给体系。

第七章　推进广西工业化进程的关键举措

加快广西工业化进程，必须积极融入新时代，以供给侧结构性改革和高质量发展为背景，加快优化工业结构、建设现代产业体系，持续优化工业布局、促进区域协调发展，全面优化营商环境、构建现代高效政府，有效加强科研投入、健全产业创新体系，着力推动总量提升、质量提升、结构优化、产品结构，通过一系列政策的有效推进和精准实施，加快推动广西工业实现高质量发展，切实加快广西工业化进程。

一、加快优化工业结构，建设现代产业体系

（一）推动传统工业升级发展

近年来，在经济下行压力持续和内外部因素综合影响下，广西经济增长乏力，工业化进程步伐放慢，其中在很大程度上是受产业结构不合理的影响。从广西工业发展实际来看，传统产业仍然是支柱产业，必须加快改造提升传统优势产业，着力推动食品、石化、有色金属、冶金、建材、电力、造纸与木材加工、纺织服装与皮革加工等传统产业改造提升，以产品为核心，以产品创新和产业化为重点，以“互联网+工业”为抓手，深入推进传统产品技术改造，着力提升协同创新能力，加快产品向中高端化发展。鼓励运用高新技术和先进适用技术改造提升传统产业生产环节、工艺、设备等环节，着力提高传统产业资源综合利用水平和绿色循环低碳发展能力。着力提高传统企业经营管理水平，支持重点企业战略合作重组，加快向产业价值链中高端转移，尽快形成核心产品优势，努力提高

集约化和清洁化程度，实现传统优势产业提质增效和转型升级。

（二）培育壮大战略性新兴产业

近年来，广西不断强化新兴产业对经济社会全局和长远发展的引领带动作用，加快发展新产业，壮大新经济，培育新动能，新兴产业发展成效显著，已初步形成了新一代信息技术、智能制造、节能环保、新材料、新能源汽车、大健康等战略性新兴产业体系。下一步，必须立足产业技术发展趋势和自身禀赋条件，大力推动战略性新兴产业“弯道超越”和重点突破，积极培育新产业、新业态、新模式，推动战略性新兴产业智能化、高端化、集聚化发展，重点在机器人、石墨烯、生态经济、新一代信息技术、海洋工程装备、中国—东盟信息港、新能源汽车、电动车、生物医药、军民融合、新兴技术产业化等重点领域，着力培育壮大具有发展基础和发展条件的战略性新兴产业。研究制定各产业、各领域发展专项行动计划和精准引入工作方案，明确发展布局、重大项目、产业技术路线图等，引进先进设备和制造工艺，挖掘产业发展潜能，加快创新成果产业化步伐，提高竞争力和规模效益，以战略性新兴产业培育壮大有力推进工业化进程。

（三）壮大先进装备制造业

加强制造业统筹规划和前瞻布局，以加快新一代信息技术与制造业深度融合为重点，以推进智能制造和“互联网+”为导向，突出整装配套、核心部件发展，不断提高智能制造水平，不断增强创新发展能力，加快汽车、机械、电子信息、医药制造和修造船及海洋工程装备等现代制造业集群发展，支持重点企业战略合作重组，延伸产业链条。按照“强龙头、补链条、聚集群”的发展思路，加快推进形成先进装备制造业高质量发展格局。

（四）加快发展生产性服务业

按照“市场化、专业化、社会化、国际化”的发展方向，大力发展面向工业生产的现代服务业，重点在工业设计及研发服务业、节能环保服务、制造业物流服务、信息服务及外包、电子商务、工业物联网等领域，科学规划布局，创造环境条件，以产业转型升级需求为导向，加快推进服务型制造创新发展，实现服务业与工业在更高水平上有机融合，推动产业结构优化调整，从产业融合发展的角度进一步推进工业化进程。

（五）加快推进产业集聚

围绕加快推进产业发展向中高端水平迈进，依托产业发展基础和比较优势，加快创建一批高端企业集聚、产业链条健全、服务功能完善的专业产业集群和发展平台，促进产业集聚化、链条式发展。加大产业链招商引资，推动产业间实现产业链对接、延伸，提升产业纵向延伸和横向拓展能力。引导人才、创新、资金等先进要素向产业园区、生产基地等平台和载体转移，推动产业集聚区制造业向研发设计、仓储物流、营销推广、品牌建设和系统集成等方面延伸，推进产业从分散布局转向融合集群，加快凝聚工业化进程发展的产业集群合力。

二、持续优化工业布局，促进区域协调发展

树立创新、协调、绿色、开放、共享的新发展理念，遵循现代产业发展规律和区域一体化发展的趋势，加强规划引导和统筹布局，培育一批主业突出、两化融合、配套完善、集约高效的产业集聚区，不断优化空间布局，做强做大重点产业，加快形成布局合理、要素集聚、优势互补、功能互济的空间发展格局。

（一）培育发展现代产业园区

鼓励各地依托比较优势，着力打造具有专业特色和比较优势的现代产业园区，防止低水平重复建设。实施分类指导，探索动态管理，把创新能力、品牌建设、规划实施、生态环境、投资环境、行政效能、新增债务、安全生产等作为现代园区建设的重要指标导向，加快产业园区行政管理体制改革，进一步下放审批权限，支持开展外商投资等管理体制改革试点，推进商事制度改革，鼓励符合条件的产业园区按程序申报设立海关特殊监管区域，打造一批产业集聚、开放合作、创新驱动、绿色集约、管理先进的现代产业园区。

（二）加快推进产城互动建设

产城互动是工业园区建设的必然方向，是实现工业转型升级的重要抓手。要加快推进产业园区化、园区城镇化、产城一体化建设步伐，推进试点园区产城互动发展，重点打造一批产业基础好、配套条件完善、发展潜力大的产城互动园区，以产业为支撑，以城镇为基础，拓展产业承载空间，促进城镇更新，完善服务配套，坚持以产兴城、以城促产，实现园区建设和城镇建设资源的优化配置。加强产城互动试点园区内部的基础设施建设，完善学校、宾馆、餐饮服务、医疗卫生、网络信息等各类配套设施建设，全面提升产业园区的生产生活供给能力和

供给水平。加强产业园区与所在城镇、中心县城之间的互联互通建设，加快实施一批关键性和瓶颈性互联互通项目。积极推进中心城区与产业园区的融合发展，实施一批高新技术产业和现代生产性服务业项目。

（三）培育壮大工业经济强县

不断培育壮大县域工业经济，能够为广西工业化进程注入持续动力。要进一步强化空间规划和“多规合一”，科学谋划县域工业布局，引导各县域依托当地资源、市场和区位优势，找准发展定位，不断优化工业布局，发展特色优势产业，推动产业扶贫开发，以农产品加工、特色资源开发和承接产业转移为着力点，大力发展资源开发加工型产业、产业项目配套型产业、劳动密集型产业，积极培育名优产品和骨干企业，加快建设县域特色产业集群，培育壮大一批县域工业强县。加强工业园区与重点城镇同步规划建设，盘活闲置厂房，整合零散空地。创新园区管理体制和运行机制，积极探索租赁、承包、股份合作等多种运行模式，提高工业集中区建设市场化水平。

（四）打造一批生态产业园区

坚持以科学规划引领发展，以绿色产业支撑发展，以生态经济和生态环境为建设重点，全面提升园区的形象与品质，按照“布局优化、企业集群、产业成链、物质循环、集约发展”的要求，推动现有产业园区生态化改造，发展主导产业链型生态产业园区。在经济开发区、高新技术产业开发区、资源枯竭地区及老工业区，采取新建和“以园建园”形式，大力发展生态产业，重点支持南宁、梧州、贺州等生态产业园区和河池市工业园区大型产业园建设。到 2020 年，全部国家级园区和 30% 的自治区级园区完成生态化改造，其他自治区级园区全部启动生态化改造，建成一批主导产业链型生态产业园区，南宁、梧州、贺州、河池生态产业园建成并发挥示范带动作用。培育一批国家级生态工业示范园区和生态产业园，继续扶持贵港国家生态工业（制糖）建设示范园区。

（五）着力打造特色产业基地

着力打造特色产业基地，充分结合特色产业发展基础、特色资源优势和区位条件，引导产业集聚发展，加快推进电子信息产业基地、高端装备制造业基地、高端铝及精深加工产业基地、生态铝产业基地、生态环保型有色金属产业示范基地、生物医药产业基地、碳酸钙及新型建材产业基地、糖业循环经济示范基地、生态锰产业基地、日用陶瓷产业基地、茧丝绸产业基地、沿边进出口加工基地等建设。加快延伸产业链，引导企业就地精深加工，引进关联配套、上中下游产业项目入驻产业基地，提升产业基地内部关联配套、协同服务发展能力，实现产业基地纵向延伸、横向拓展。鼓励特色产业基地加强与高等院校、科研机构合作，开展协同创新，不断提升企业创新能力和开发新产品能力，促进制造业服务化，形成特色优势产业，推动特色产业基地转型升级。

三、全面优化营商环境，构建现代高效政府

认真落实全区深化改革优化营商环境大会及出台的《中共广西壮族自治区委员会广西壮族自治区人民政府关于进一步深化改革创新优化营商环境的若干意见》（桂发〔2018〕10 号）等政策措施，按照“一年重点突破、两年全面提升、三年争创一流”的目标要求，着力打造营商环境新优势，为加快构建现代化经济体系、实现高质量发展、扎实推进富民兴桂事业、奋力谱写新时代广西发展新篇章提供强大支撑。

（一）深化行政审批制度改革

针对市场准入、企业开办、施工许可、电力供应、信贷获得、纳税、投资者保护、产权登记、合同执行、跨境贸易等各环节，联合相关部门制订专门工作方案，进一步精简审批环节，清理行政事业性收费，减轻企业负担。全面对标世行营商环境指标体系，深化“放管服”改革，在营造便利投资环境、良好生产经营环境、精细服务人才发展环境等方面下功夫。

（二）试行投资项目承诺制

以清单形式确定项目准入条件，企业承诺后即可开工建设，变先批后建为先建后验。根据产业政策和当地资源禀赋，政府相关职能部门在自治区级以上经济技术开发区（园区）、产业集聚区、特色小镇等重点区域，制定经济技术指标和行业技术规范标准，提出企业投资项目负面清单，制定具体项目准入标准，并向社会公布。在政府标准的前提下，企业做出承诺。对符合标准的企业投资项目，由企业自主选择并按照政府制定的标准作出具有法律效力的书面承诺，并进行公示。企业作出承诺后依法依规自主开展设计、施工等相关工作。

（三）推行重资产招商模式

鼓励各地有序推进重资产招商，通过重资产招商，整合资源，搭建产业集聚发展平台，引进一批产业龙头企业和战略性新兴产业项目，推动特色产业园区建设和特色产业集群发展。政府代建厂房及厂区基础设施、代购生产设备、配套提供员工公寓等，吸引龙头企业轻资产“拎包入驻”。加快研究出台了《工业园区基础设施建设及重资产贷款方案》，加快建立以园区为主体的聚焦工业主导产业、以投资建设工业厂房为主、以政府投融资平台为融资主体、争取银行中长期贷款、与产业龙头企业合作、制定重资产回购办法的重资产招商实施办法，研究建立招商引资信息研判和项目评估机制。

（四）持续降低企业成本

持续加大对自治区降成本41条和新28条政策落实监督检查力度，持续扩大电力市场化交易范围，扎实推动降成本各项政策举措落到实处，进一步优化企业发展环境，助推企业降本增效，切实提升产业竞争力。要进一步深化改革，完善举措，建立健全高效推进的降成本工作机制，着力解决好工作机制中的“症结”问题和企业反映强烈的热点问题，最大限度地执行降成本政策措施，最大限度地释放降成本政策效应，最大限度地让企业享受降成本政策红利。

（五）突出产业配套服务

产业配套能力决定了企业的投资成本，已成为各地营商环境优劣的一个重要衡量标准。要全面加强产业配套体系建设，强化生产性和非生产性服务配套，深化产业链配套招商，在产业的集聚效率上下功夫，降低企业综合商务成本和产业经营投资成本，形成倍增效应，吸引外来投资，增强区域综合竞争力。

四、有效加强科研投入，健全产业创新体系

党的十九大提出坚持实施创新驱动发展战略，强调创新是引领发展的第一动力，是建设现代化经济体系的战略支撑。全面增强创新驱动发展能力，是落实国家创新驱动发展战略的基本要求，是经济发展新常态下的必然选择，对推动广西工业化进程具有重大意义。

（一）加强协同创新能力

增强产业协同创新能力是提升产业创新能力、加快工业化进程的关键保障和重大举措。要围绕智能制造、新能源汽车、石墨烯新材料应用、有色金属新材料、糖料蔗高效生产、非粮生物质能源、重金属污染防治、新一代信息技术、碳酸钙全产业链等领域开展协同创新活动，搭建产业技术创新联盟平台，进一步提升协同创新能力，积极推进与国内外相关高等院校、科研院所、领军企业等开展产业项目、科技成果转化、科技交流、人才培养、决策咨询等多领域合作，支持高等院校和科研机构组建跨学科、综合交叉的科研团队，加快发展先进制造业和战略性新兴产业等领域合作，打造一批产学研用协同创新中心和服务平台。围绕智能制造、新能源汽车、石墨烯新材料应用、有色金属新材料、糖料蔗高效生产、非粮生物质能源、重金属污染防治、新一代信息技术、碳酸钙全产业链等领域开展协同创新活动，搭建产业技术创新联盟平台，进一步提升协同创新能力。

（二）实施专利倍增计划

认真落实贯彻落实国家和自治区关于实施知识产权战略行动计划的文件精神，及自治区印发实施的《广西实施发明专利双倍增计划（2016—2020 年）》，以促进经济转型为主线，以增量提质、提升发明创造水平为导向，大力开展企业发明专利倍增工程、高校院所发明专利倍增工程、社会团体及个人专利优质增长工程、专利质量提升行动、服务能力提升行动、管理能力提升行动，促进知识产权与产业深度融合。以专利创造、运用、管理、保护和服务能力为主线，以增量提质、提升发明创造水平为导向，实现发明专利拥有量的大幅度增长，激发创新主体创造活力，促进发明专利倍增。加快创业创新平台建设，提升众创空间基础配套和承载能力。建立和完善园区、高校院所发明专利倍增工程管理体系，加强专利成果转化和产业化步伐。以产业、企业技术创新需求为导向，推动校企、院企深度合作，从源头上提升专利技术含量和市场价值，努力形成一批高价值核心技术专利和专利组合。

（三）打造科技创新型企业

打造科技创新型企业是一项系统工程，企业科技创新体系对企业创新、持续发展起着重要的支撑作用，能够有效地提升创新能力和创新效率。加大各类专项资金对企业创业创新基地（微型企业孵化园、科技企业孵化器、商贸企业集聚区等）建设的支持力度。支持建立一批新兴产业“双创”示范基地，加快组织实施制造企业互联网“双创”平台建设工程和“双创”服务平台支撑能力提升工程。鼓励大中型企业带动产业链上的小型微型企业，实现产业集聚和抱团发展。引导创业投资基金积极支持科技创新型、创业创新型企业。形成一批专业化生产协作能力强、在细分行业市场占有率高的配套型企业，培育一批管理基础扎实、信息化应用水平高的成长型企业，打造一批人才素质高、技术研发能力强的创新型企业，发展一批商业模式新、服务能力强的新业态企业，不断提高中小企业数量比重、整体素质和运行质量。

五、实施人才战略工程，提升人力资源厚度

人才发展环境的优劣已经成为当今人才竞争的关键要素。近年来北上广深以及杭州、武汉、郑州、成都等城市都拿出了重磅政策，大力引进高端人才、振兴实体产业。应坚定推进并大力推动人才引进培育工程，集聚各类创新创业人才，弘扬大国工匠精神，精心评选广西工匠，让人才引进来、冒出来、干出来、留下来、用起来。

（一）着力打造工业领域高素质人才队伍

1. 做好人才统筹，科学合理规划

根据广西工业化进程对高层次人才的需要，准确预测和把握今后五年、十年高层次人才队伍建设的基本走势，科学规划、总体筹划高层次创新型科技人才队伍建设的调控目标和总体要求，精心搞好顶层设计，尽快建立和形成一支数量充足、门类齐全、素质优良、结构合理、动态发展的高素质创新型科技人才队伍。

2. 加快高层次人才引进，培养和使用载体建设

统筹好高层次人才引进培育与载体建设的关系，根据实现工业高质量发展和加快工业化进程的要求，把高层次创新型科技人才的培养、引进工作与重大工程、重大项目的实施结合起来，以人才小高地、博士后“两站”，引进计划、培养工程为载体，加强对高层次创新型科技人才的引进和培育。

3. 采用多种形式引进高层次创新型人才

以竞争性政策争取高层次创新型人才，建立高层次人才引进绿色通道，通过高待遇、高配套、高服务等优势吸引人才。鼓励柔性引进，鼓励各类人才不迁户口、不调档案，以柔性方式引进人才。鼓励智力引进，鼓励各类人才以讲座、合

作、租赁、互借、知识产业结盟等方式为工业化进程服务。

4. 增加教育投入、优化资源配置，加快培育多层次技术人才

针对技术人才不足的问题，建议加大政策教育投入，多层次物色新教育资源，加快培育一批掌握行业先进技术、市场渠道、拥有丰富社会资源的企业高级经营管理人才。积极引导和鼓励企业加强与区内外高等院校交流合作，创建中小企业公共实训基地，为企业员工提供集中培训机会。

（二）重点引进高层次高学历科技人才

牢固树立“人力资源是第一资源”的观念，增加人力资本投入，加快人力资源的开发步伐，抓好“人才特区”建设，积极拓展提升人才小高地。围绕工业化进程需要，加快实施产业人才支持计划，重点培养一批对产业发展有重大引领带动作用的企业科技创新团队，培育一批能够掌握核心技术、具有自主知识产权或具有高成长性项目的企业科技创新高层次人才。更加重视职业技术教育，打造高素质的技术工人队伍和技术专家团队，加快建设民族地区职业教育综合改革试验区，构建产教融合、校企合作、中高职衔接、职教普教沟通的现代职业教育体系，推进一批职教园区、示范职业院校、特色专业和实训基地建设，培养出更多服务于工业化进程的“大国工匠”，为更高更强的“广西智造”筑基。加快集聚高端人才，加快提升基层人才，采取政策引、环境引、产业引、企业引等多种形式，促进创新能力整体提升和人才队伍素质整体提高。结合工业化进程发展需求，面向国内外遴选创新创业项目，以项目引才，打造创新创业人才和团队引进平台，建立人才引进后备库，构建素质优良、结构合理、数量充足的高层次人才梯队。面向重点学科、重点园区、重点企业，加快博士后工作站建设，搭建产学研合作平台，加强高层次创新创业人才引进。

（三）加快推动创业创新发展

创新是引领发展的第一动力，人才是创新驱动发展和加快工业化进程的核心要素。着力建设“千人计划”产业园、高层次人才创业创新孵化中心，在政策和要素扶持上加大倾斜力度，着力打造高端人才集聚区、创新发展引领区、人才管理改革先行区。坚持政府引导、社会参与、市场化运作，积极引进国内外知名高校、科研院所、企业共建科研机构或创新载体。对国内外知名高校院所在广西合作设立技术转移服务机构或创新载体的，按其技术转移成果给予资金奖励。按照“服务发展、人才优先、以人为本、创新机制”的工作原则，遵循人才成长规律，加快人才发展机制创新。以高科技人才为重点，通过改革人事制度，创新

用人机制；选拔培养人才，优化人才结构；建立和完善各类人才管理和激励机制，为引进高层人才搭建平台，进一步加快建设创新人才高地。

六、提升工业智能化水平，促进两化深度融合

（一）明确问题，寻找推进信息化的突破口

信息化和智能化已经成为推动制造业变革、加快工业化进程的重要力量，受到国内外政府企业的高度重视。但应看到，与发达地区相比，广西的信息化水平还相对落后，还存在信息化应用程度不高、基础设施和配套设施不完善、信息化建设工作缓慢、信息化程度不高、部分领域信息化应用程度低、高层次人才缺乏等问题，必须加快推动信息化建设，以信息化促进工业化发展。党的十九大提出“推动互联网+制造业、大数据、人工智能与实体经济深度融合”，是对信息化和工业化融合内涵的丰富和拓展。2018 年 9 月，广西召开数字广西建设大会，提出大力实施大数据战略，建设数字广西，打造迈向东盟开放合作的数字新高地、数字丝路的重要门户，加快培育形成数字经济新动能，将为工业化进程高质量发展提供有力支撑①。要加快互联网、大数据、人工智能与制造业深度融合，推动制造业数字化、网络化、智能化发展。要进一步加大企业两化融合管理体系贯标和对标力度，引导企业加速战略转型、技术创新和管理变革。到“十三五”期末，力争两化融合水平继续保持在全国中上游，西部地区排名继续靠前，形成一批工业互联网平台。

（二）推广信息技术应用，提高信息化水平

鼓励中小企业推进生产制造流程的柔性化改造，发展网络众包、个性化定制、服务型制造等新模式，促进中小企业生产方式变革。以工业互联网和自主可控的软硬件产品为支撑，推广服务于“智能制造”的信息化集成应用产品和解

① 数字广西建设大会提出，要坚持问题导向，突出关键环节，在“建、用、融、管”上狠下功夫，其中“融”是指要加快推动数字产业化培育发展新兴产业，大力发展大数据、云计算产业，加快发展智能终端制造业和软件与信息服务产业，积极布局数字经济前沿信息产业，着力推动产业数字化，改造提升传统产业，推动互联网、大数据、人工智能与工业、乡村振兴、服务业深度融合，大力发展融合创新的数字经济。资料来源：广西日报，2018－08－31，第 1 版。

决方案，为制造业中小企业提供信息化基础条件和服务支撑。推广智能工业控制系统深度应用，促进增材制造、工业机器人、人工智能等新手段在生产过程中的应用，推动制造业中小企业的智能化转型。组织实施工业互联网平台应用工程、工业企业上云工程和工业 APP 推广工程，构建基于工业互联网平台的制造业新生态。通过大数据、云计算等新一代信息技术的应用，找准信息化建设中的短板，以智能制造为发展方向，加快推进生产过程和制造工艺智能化，加快数字化车间、智能工厂建设，培育新增长点。努力打造广西工业云与工业大数据平台公共服务平台。推进深化制造业与互联网融合发展，以试点示范和专项支持为抓手，推动企业研发设计、生产制造和组织管理模式创新，积极培育网络化协同、个性化定制、服务型制造、制造业“双创”等“互联网 + 制造业”新模式新业态。以智能制造为推进两化深度融合的突破口，支持南宁、柳州、玉林等市建设智能制造城，积极创建国家级智能制造示范基地和国家新型工业化示范基地，推动传统制造业整体智能化转变。着力发展智能装备和智能产品，推进全产业链制造过程智能化，培育新型制造模式，全面提升企业研发、生产、管理和服务的智能化水平。

（三）利用信息技术改造和提升传统产业

广西是欠发达后发展地区，既要补工业化的课，又要迎头赶上。在新型工业化道路中，要处理好信息化和传统产业的关系。走新型工业化道路不能放弃传统产业，传统产业存在的问题是技术含量少、深加工低，产品升级换代慢。因此，必须用高新技术来改造传统产业，大力推进信息技术和信息产品在传统产业中的应用，加快进行技术改造，实现产品升级和结构优化。具体来说，要重点做好以下两个方面：一方面是加快推动企业工厂的智能化升级。以汽车、钢铁、机械、有色金属等为重点，支持企业建设高速、安全的实时工业以太网，鼓励企业加快建设柔性化的智能制造单元和智能化生产线，推进增材制造技术应用，实现人机协作，在关键环节和关键工序推进装备智能化升级、工艺流程改造和基础数据共享。另一方面是加快数字化工厂建设。在重点流程制造、离散制造行业鼓励企业广泛应用数字技术，建设“数字化工厂”，提高 MES、ERP、PLM 等多平台和机器设备网络的互联互通集成能力，鼓励开发具有自主知识产权的工业软件产品，加快信息技术在研发、生产、管理、营销等环节的应用，形成联网协同、智能管控、大数据服务的制造模式，全面提升企业的资源配置优化、实时在线优化、生产管理精细化和智能决策科学化水平。

七、健全项目引育机制，增强产业发展后劲

（一）建立健全项目储备

加强对重点项目的跟踪和调度，在招商引资过程中更加重视提高首位产业、新兴产业、现代服务业的引进力度，以投资结构优化带动产业结构升级。抓好规划实施必须要抓好重点领域的关键投资环节，实现优势提升和产业升级。以提高工业投资占比和技术改造投资占比为出发点，以投资结构调整带动产业结构优化升级，加快实施重大投资工程包，加强政策、规划及要素引导，鼓励资金投向战略性新兴产业、先进制造业及现代服务业。一方面，要集中力量推进重大项目建设，做到加快新开工一批、谋划储备一批，完善重大项目协调推进机制；另一方面，因地制宜谋划、建立长效推进机制，围绕产业配套、链条延伸、集群建设、升级再造、承接转移、产城融合等领域策划储备并建设一批中小项目，做大工业投资总量。严格控制产能过剩及高耗能、高排放行业固定资产投入，重点加强高耗能资源型产业精深加工投入。对重点产业链实施技术改造，主要发展石化后续产品、有色金属、钢材及锰精深加工、丝织印染、碳酸钙粉体、糖果及朗姆酒等上下游产品，进一步加快完善汽车、工程机械、发动机等整机零部件产业配套体系，在全面优化投资的结构中，更好地优化工业化进程环境。

（二）提升项目策划能力

项目策划是项目建设的前提和基础，也是优化经济结构、转变发展方式的迫切需要。提高项目策划能力，既是各项经济社会工作有序的基础，又是项目实施的关键保障。加强重大项目前期研究，探索重点项目开发委托投资商或企业进行项目设计、推销，走市场化、专业化的项目开发道路。各级相关部门要根据本地产业发展方向和发展重点，全面掌握企业投资意愿和项目需要，策划提出本地工业重大项目，全程做好项目指导和服务，形成重大项目的策划实施合力。加强重大项目的政策可行性、经济可行性、技术可行性和资源环境可行性等论证。对重大项目储备库实行动态管理，滚动发展，优先推荐作为自治区重点推进项目，优先给予土地指标倾斜，优先争取国家和自治区资金支持。将策划重大项目成果的组织实施作为工作重点，加大宣传推介和招商引资力度，确保每年实现一批重大

项目的落地转化应用。

（三）推动重点项目建设

加快实施重大项目建设，着力推进实施重大产业升级、产品结构优化、装备水平提升、产业链延伸、创新能力提高、工业绿色发展和两化深度融合等重大建设工程。加快推进重大项目建设，是稳增长、调结构、增后劲的重要抓手，要构建自治区、市、县三级领导联系推进重大项目责任体系，进一步推进全程跟踪和协调服务。各地各部门要加大力度，积极创造有利条件，加快项目建设进度，以重大项目推动经济稳定增长。要着力引进一批关联度高、带动力强、辐射力大的重大项目，切实抓好重大项目的跟踪洽谈、签约落户、开工建设和投产达标，促进产业转型升级、集聚发展。要切实搞好服务，千方百计协调解决项目建设中遇到的困难和问题。要强化项目管理，高标准抓质量，高效率抓进度，实行重大项目部门协调机制，加强项目对接和专题协调，切实保障重大项目建设的土地、资金等要素需求，建立企业投资项目管理权力清单、责任清单制度、并联核准制度和重大项目动态监测机制、督察机制，建立月报、季报制度，实现项目动态跟踪，加强项目推进工作的督促检查。

参考文献

［1］乔治·恩德勒等．经济伦理大辞典［M］．上海：上海人民出版社，2001.

［2］吕贝尔特．工业化史［M］．戴鸣钟译．上海：上海译文出版社，1983.

［3］陈淮．工业化仍在挑战中国［J］．北方经济，2002（10）．

［4］张培刚．发展经济学通论（第1卷）［M］．长沙：湖南出版社，1991.

［5］约翰·伊特韦尔．新帕尔格雷夫经济学大辞典（第2卷）［M］．北京：经济科学出版社，1996.

［6］西蒙·库兹涅茨．现代经济增长（第2卷）［M］．北京：经济科学出版社，1989.

［7］Hoofmann W. G. The growth of industrial economies［M］. Manchester: Manchester University Press, 1958.

［8］许涤新．政治经济学辞典（下）［M］．北京：人民出版社，1981.

［9］马克思．资本论（第一卷）［M］．北京：人民出版社，1975.

［10］丹尼尔·贝尔．后工业社会的来临［M］．北京：商务印书馆，1986.

［11］钱纳里．工业化和经济增长的比较研究（中译本）［M］．上海：上海三联书店，1989.

［12］周振华．工业结构优化论［M］．上海：上海人民出版社，1992.

［13］邓伟根．产业经济学研究［M］．北京：经济管理出版社，2001.

［14］马眸眸．区域信息化与工业化融合的影响因素及综合评价研究［D］．中国地质大学，2017.

［15］仝海威．信息化与工业化融合评价体系与机理分析研究［D］．北京邮电大学，2012.

［16］刘仁杰．柴达木区新型工业化水平评价研究［D］．青海大学，2016.

［17］罗胜．工业化、城镇化、农业现代化协调发展评价研究——基于省际面板数据的实证［D］．吉林财经大学，2014.

［18］龚维．新疆新型工业化发展评价及区域比较分析［D］．新疆财经大学，2013.

［19］魏磊．高密市工业化与信息化融合的影响因素及评价研究［D］．青岛科技大学，2013.

［20］梁斌．“新型城镇化、新型工业化、农业现代化”协调发展的绩效评价与对策研究——以河南省为例［D］．东北财经大学，2013.

［21］王一夫．黑龙江垦区工业化、城镇化与农业现代化协调发展水平综合评价与分析［D］．黑龙江八一农垦大学，2013.

［22］刘俊芳．重庆市新型工业化评价指标体系构建及其测度［D］．重庆工商大学，2011.

［23］苏孝辉．新型工业化评价体系［D］．沈阳工业大学，2011.

［24］李孟秋．合肥市工业化和城市化协调水平综合评价与分析［D］．安徽大学，2010.

［25］张锋．重庆市新型工业化发展综合评价与对策研究［D］．重庆工商大学，2010.

［26］胡秀玉．云南新型工业化发展水平及空间态势评价研究［D］．云南师范大学，2009.

［27］刘朋飞．基于综合评价的中国城市化与工业化协调分析研究［D］．新疆财经大学，2009.

［28］万文娟．重庆市新型工业化评价理论与实证研究［D］．重庆大学，2009.

［29］赵艳．包头市工业化与城市化协调发展水平综合评价与分析［D］．内蒙古师范大学，2007.

［30］王旭嘉．县域新型工业化进程评价及仿真预测［D］．四川大学，2007.

［31］吴晓庆．我国新型工业化进程评价指标体系及模型构建研究［D］．重庆大学，2007.

［32］田雅娟．我国工业化与城市化协调发展评价体系的研究［D］．河北大学，2006.

［33］杨岚．云南新型工业化发展水平评价［D］．昆明理工大学，2006.

［34］姜红．区域新型工业化评价指标体系及评价模型研究［D］．吉林大

学，2005.

［35］李美洲．信息化发展对新型工业化进程贡献的统计评价问题研究［D］．暨南大学，2005.

［36］刘涛．我国区域新型工业化的定量评价及实证研究［D］．重庆大学，2005.

［37］杨同宇．新型工业化评价指标体系及其应用研究［D］．南京工业大学，2004.

［38］甄江红，贺静．内蒙古工业化进程的综合评价与演进分析［J］．干旱区资源与环境，2014（2）．

［39］蔡文浩，赵霞．西北少数民族地区工业化历史进程、现状评价与发展路径［J］．西北民族大学学报，2014（1）．

［40］张倩，王春豪．新疆工业化进程与物流发展水平的协调度评价［J］．企业经济，2013（6）．

［41］樊胜利．民族地区工业化进程评价研究［J］．开发研究，2012（6）．

［42］张利阳，彭开虎．湖北新型工业化进程评价与实证分析［J］．统计与决策，2012（3）．

［43］廖志高，马璐．西江经济带新型工业化进程评价及对策研究［J］．会计之友，2011（9）．

［44］秦放鸣，孙庆刚．新疆工业化进程综合评价［J］．新疆师范大学学报，2011（1）．

［45］陈敏．江西省工业化进程综合评价和加速工业化进程的对策分析［J］．当代财经，2009（8）．

［46］石昶，温合瑶．安徽省工业化进程的综合评价和特征分析［J］．华东经济管理，2009（2）．

［47］芮宏．安徽17市工业化进程测度和评价［J］．江淮论坛，2009（2）．

［48］曾福生，匡远配．农业工业化进程的评价指标体系构建与实证分析［J］．农业技术经济，2008（2）．

［49］陈佳贵，钟宏武．西部地区工业化进程的综合评价和阶段性特征［J］．开发研究，2007（2）．

［50］陈明森，陈新．福建新型工业化进程基本评价与新时期战略选择［J］．中共福建省委党校学报，2006（7）．

［51］陈佳贵，黄群慧．中国地区工业化进程的综合评价和特征分析［J］．

经济研究，2006（6）.

［52］约翰·科迪等.发展中国家的工业发展政策［M］.北京：经济科学出版社，2003.

［53］霍利斯·钱纳里，谢尔曼·鲁宾逊，摩西·塞尔奎因.工业化和经济增长的比较研究［M］.吴奇等译.上海：格致出版社，2015.

［54］李建忠.广西工业化的回顾与思考［J］.广西教育学院学报，2002（4）.

［55］万兴伟.广西工业结构优化升级研究［M］.桂林：广西大学出版社，2008.

［56］邓伟根.产业经济学研究［M］.北京：经济管理出版社，2001.

［57］周振华.工业结构优化论［M］.上海：上海人民出版社，1992.

［58］陈佳贵，黄群慧等.中国工业化进程报告［M］.北京：中国社会科学出版社，2007.

［59］工业和信息化部中国电子信息产业发展研究.2015 年度中国两化融合发展水平评估报告［R］.2016.

［60］苗圩.制造业推动经济高质量发展的关键［N/OL］.人民网，2018－03－26.

［61］杨公朴，夏大慰.产业经济学教程（修订版）［M］.上海：上海财经大学出版社，2002.

［62］蒙爱群，覃坚谨.广西三线建设的概况［J］.传承，2008（2）.

［63］韦宏.中西部地区承接东部产业转移的产业配套研究——兼论广西与江西的比较［J］.东南亚纵横，2008（8）.

［64］孙顺太.156 项工程与三线建设比较研究［J］.大理学院学报，2011，10（5）.

［65］徐有威，陈熙.三线建设对中国工业经济及城市化的影响［J］.当代中国史研究，2015，22（4）.

［66］杨鹏，李瑞红.从长沙之“长”，看南宁未来发展［J］.广西城镇建设，2017（10）：48.

［67］李建忠.广西工业化的回顾与思考［J］.广西教育学院学报，2002（4）.

［68］赵昌文.把握新时代新型工业化的新内涵［N］.人民日报，2017－11－26.

［69］黄群慧.改革开放 40 年中国的产业发展与工业化进程［J］.中国工

业经济，2018（9）：5－23.

［70］吴冰．辽宁中部城市群工业化与城镇化良性互动研究［J］．地方财政研究，2018（6）：93－99.

［71］赵洋，郭娟娟．我国工业化进程中城乡关系变迁的理论与实践［J］．西南科技大学学报（哲学社会科学版），2018，35（2）：54－59.

［72］黄群慧．以高质量工业化进程促进现代化经济体系建设［J］．行政管理改革，2018（1）：11－14.

［73］刘满凤，谢晗进．我国工业化与城镇化的环境经济集聚双门槛效应分析［J］．管理评论，2017，29（10）：21－33.

［74］张康之．论全球化、后工业化进程中的启蒙［J］．学术界，2017（5）：5－21，323.

［75］辛国斌．推进制造强国建设　加快新旧动能接续转换［J］．行政管理改革，2017（6）：20－23.

［76］张静，崔东，高倩．新疆新型工业化发展的时空差异特征［J］．地域研究与开发，2016，35（6）：27－30，70.

［77］梁红秀，谭培文．新型城镇化中的工业化、城市化与现代化互动发展问题［J］．广西社会科学，2016（8）：58－61.

［78］王双正．加快推进我国工业化进程［J］．宏观经济管理，2013（8）：28－29.

［79］常青．内蒙古工业化水平实证分析［J］．西北民族大学学报（哲学社会科学版），2013（3）：99－103.

［80］李宸．中国再生铝行业发展现状及政策导向研究［D］．中国地质大学（北京），2013.

［81］李建忠．广西工业化的回顾与思考［J］．广西教育学院学报，2002（2）：93－97.